영남의 학맥 1

안향에서 주세붕까지

계명영남학총서 1

영남의 학맥 1

안향에서 주세붕까지

김 기 주

계명대학교출판부

책머리에

『영남嶺南의 학맥學脈』은 고려 후기부터 조선 후기에 이르기까지 약 600여 년 동안 영남지역에서 활동한 학자들의 발자취를 찾아가는 여정이다. 그리고 그 첫 걸음으로 시작된 『영남의 학맥 1』은 안향으로 시작되는 성리학의 도입기에서 주세붕까지 모두 26인에 이르는 학자들의 주요활동과 그 철학사상을 시대순으로 살펴보고 있다. 물론 '영남의 학맥'에 대한 탐구는 이들에게서 마무리될 수 없다. 따라서 『영남의 학맥 1』을 이어 『영남의 학맥 2』에서 『영남의 학맥 6』까지, 인물로는 이황과 그 직전제자들을 시작으로 조선 후기 이진상의 후인들까지 모두 다섯 권의 책이 더 계획되어 있다.

일반인에게 있어서 성리학은 오래 전에 잊혀진 학문이며, 더 이상 현실적 가치를 갖지 않는 역사적 유물로 이해되고 있을 뿐이다. 이러한 상황 속에서 영남의 학맥 혹은 조선 성리학에 대한 우리들의 관심은 어떤 의미를 가질 수 있을까? 무엇보다도 영남의 학맥은 추상적인 이야기도, 타인의 이야기도 아니라는 사실에서 그 의미를 찾을 수 있다고 생각된다. 『영남의 학맥』은 단순히 한 편의 학술사 혹은 인물사 이전에, 이 땅에서 살아가며 활동했던 우리 조상들이 들려주는 한 편의 무용담이다. 따라서 성리학이라는 프리즘을 통해 삶의 이상을 고민하고, 그것을 실현하기 위해 경주했던 각 학자들의 치열한 노력은 성리학 관련 지식과 관계없이 우리에게 삶의 의미를 생각해 볼 수 있는 계기를 제공하리라 기대한다.

주지하듯 전체 조선성리학사에 있어서 영남 학맥이 차지하는 비중은 가히 절대적이다. 이것은 곧 조선성리학의 이해에 있어서 영남 학맥에 대한 이해는 필수적이며, 영남 학맥에 대한 이해가 없이는 조선성리학의 충분한 이해 역시 불가능함을 뜻한다. 따라서 『영남의 학맥』에 대한 저술 목적은 당연히 영남 학맥뿐만 아니라 조선성리학에 대한 구체적인 이해와 연결되어 있다. 특히 『영남의 학맥 1』은 이황에 의해 본격적으로 영남학파가 등장할 수 있었던 역사적, 사상적 배경에 대한 이해와 깊이 관련되어 있다. 성리학이 어떤 과정을 거치며 이 땅에 뿌리를 내리고, 사람들의 정신을 지배하게 되었는지를 살피는 일은 이미 그 자체만으로도 충분히 흥미로운 일이다.

현실적 삶과 철학이 결코 둘이 될 수 없다는 생각으로 각 학자들의 삶과 직·간접적으로 관련된 역사적 사건에 대한 설명과, 관련유적에 대한 사진을 곁들이는 등 성리학에 대한 전문 지식이 없는 일반인도 쉽게 읽을 수 있는 책을 만들고 싶었다. 하지만 이러한 목표에 이 책이 얼마나 가까이 접근하였는지는 감히 장담하지 못하겠다. 다만 이 책이 조선성리학과 조선성리학자들에 대한 편견을 씻어내는 데 조금의 도움이라도 되길 바라는 마음 간절하다.

이 책이 나오기까지 많은 분들의 관심과 도움이 있었다. 부모님의 따뜻한 관심과 지원, 아내 갑숙의 고마운 내조, 아비의 짐을 덜어주는 영훈·영집, 모두에게 고마울 뿐이다. 유학을 마치고 귀국한 후, 조선성리학에 대한 관심을 불러일으켜 주신 계명대학교의 홍원식 교수님과 매주 수요일 모임을 기다리게 만드는 伊洛東洋思想硏究會의 황지원·이기훈 박사를 비롯한 회원 여러분에게 깊이 감사드린다. 번거로운 사진작업을 묵묵히 도와준 예중열 선생에게 특히 감사드린다. 그리고 이 책의 출간 과정에서 많은 도움을 주신 계명대학교 출판부 여러분께도 감사드린다.

2006년 3월 27일

獨善齋에서

저자 쓰다

차 례

차 례

영남학파의 원류를 찾아서

한 고을의 선한 선비는 그 고을의 선한 선비를 벗으로 사귀고, 한 나라의 선한 선비는 그 나라의 선한 선비를 벗으로 사귀며, 천하의 선한 선비는 천하의 선한 선비를 벗으로 사귄다. 천하의 선한 선비를 사귀는 것으로도 충분하지 않으면 다시 옛사람으로 거슬러 올라간다. 그 사람의 시를 낭송하고 그 사람이 쓴 책을 읽고도 그 사람됨을 이해하지 못할 수 있겠는가? 이렇게 그의 삶을 이야기하는 것은 곧 역사를 거슬러 올라가 옛사람을 벗으로 사귀는 것이다.(一鄕之善士, 斯友一鄕之善士. 一國之善士, 斯友一國之善士. 天下之善士, 斯友天下之善士. 以友天下之善士爲未足, 又尙論古之人. 頌其詩, 讀其書, 不知其人可乎? 是以論其世也, 是尙友也. 『孟子』「萬章下」)

이것은 『맹자』의 한 구절이다. 옛 사람이 쓴 시를 낭송하고, 옛 사람이 쓴 책을 읽는 것, 그리고 그 사람의 삶에 대해 이야기하는 것은 곧 옛 사람을 벗으로 사귀는 것이다. 벗이란 나의 삶을 비추는 거울이다.

벗의 삶을 통해 나의 삶을 되돌아볼 수 있기 때문이다. 이것은 또한 시간과 공간의 제약을 뛰어넘어 생명활동의 범위를 확장하는 것이기도 하다. 우리들의 삶은 오늘 현재로서 끝나는 것이 아니라, 육체적 생명과는 상관없이 과거와 미래로 이어져 있다. 이것을 자각할 때, 현재 나의 삶 역시 온전히 자각되고 그 의미 역시 분명해진다.

뿐만 아니라 모든 교육은 반드시 현인을 존중하고 그로부터 삶의 전형을 찾으며 그를 닮으려는 노력에서 시작한다. 이러한 의미에서 현인이 없는 사회는 불행하다. 전형을 갖지 못한 삶 역시 불행하다. 전통사회의 고등교육기관으로 기능하였던 서원이나 향교에서 각 고을의 현인들을 제향했던 것이 단순히 귀신을 즐겁게 하는 것은 아니었다. 조선의 성리학자들이 도통道統을 이야기하고 학통學統을 이야기한 것 역시 자신들의 이론적 정당성을 확보하기 위한 것만은 아니었던 것이다.

어두운 밤바다에서 필요한 것이 길을 안내해 줄 등대이듯, 우리 삶의 바다에서도 삶의 지평을 열어주고 그 방향을 설정해 줄 등대 같은 인물이 필요하다. 저 먼 나라 아득한 역사 속에서도 수 많은 영웅호걸들이 등장하여 우리에게 깊은 감회를 던져주기도 하지만, 그들은 우리 현실로부터 멀리 떨어져 있어 그 감회란 것이 그다지 구체적이지도 절실하지도 않다. 하지만 우리들 가까이에서 그리고 우리가 숨쉬고 살아가는 이 땅에서 우리가 그렇게 살아가듯 살아간 사람들, 하지만 삶의 수 많은 곡절들 속에서 지켜야 할 것은 무엇이고, 버려야 할 것은 무엇인지를 몸으로 보여준 사람들의 이야기는 우리에게 더욱 절실하고 구체적인 감회를 갖게 한다.

이렇듯 『영남의 학맥』은 우리들의 주변에서 치열한 삶을 살아갔던 옛 조상들의 이야기이고, 또 그들과 나누는 즐거운 만남이기도 하다. 그들의 학문적 성취가 어떠했는지, 혹은 그들의 이론적 저술들이 얼마나 훌륭했는지에 관계없이, 그리고 그들의 삶의 방식과 우리들의 삶의 태도가 온전히 같지 않다 할지라도, 행동으로 보여준 그들의 삶은 우리들에게 되돌아볼 충분한 이유와 의미를 던져준다. 『영남의 학맥』이 비록 영남이라는 지역적 한계와 성리학이라는 학문적 한계를 설정하여 진행된 탐구이지만 특정지역을 중심으로 한 '인물론' 정도로 여겨질 수도 없는 것도 바로 이러한 이유에서다.

특히 영남지역이 고려 말 성리학이 도입되던 시기부터 그 중심축으로 작용하였다는 것은 주지의 사실이다. 성리학을 도입하는 데 있어서 결정적인 역할을 담당했던 안향이 영남지역 출신일 뿐만 아니라, 고려 말의 개혁과 조선의 건국과정, 그리고 조선 건국 후의 지속적인 활동에서 그 변화를 주도하고 시대를 이끌어갔던 인물들 역시 대부분 영남지역 출신이었다. 조선 5백년 동안 정치 · 학문 · 경제 · 사회 · 문화예술을 주도해온 성리학의 흐름 속에서 '영남학맥'이 차지하고 있는 위치는 그만큼 중요한 의미를 가진다. 따라서 『영남의 학맥』 속에 망라되는 각각의 인물들이 그 시대의 구체적인 상황 속에서 어떤 역할을 수행하였고, 그 삶의 문제들을 어떻게 해결해 나갔는지를 살피는 일은 영남의 성리학사 뿐만 아니라, 전체 조선성리학사에 대한 이해에 있어서 필수적인 요소이다.

뿐만 아니라, 우리는 『영남의 학맥』에서 우리 민족사에서 찾아보기 어려운 특이한 현상을 목격할 수 있다. 우리는 늘 반 만 년이니, 오천 년이니 하는 민족의 장구한 역사를 들먹이며 자랑스러워하지만, 정작 그 오천 년의 긴 역사 속에서 그 시대의 문제를 고민하며 그것의 해결을 위해 노력한 체계적이고 이론적인 흔적들을 발견하기란 쉽지 않다. 더욱이 그것을 개인적인 영역이 아닌 한 사회의 전반적인 흐름 속에서 확인하기란 더욱 어렵다. 그렇기 때문에 우리는 긴 역사에 비해 그토록 연약한 문화적인 토대 위에 서 있다고도 볼 수 있을 것이다. 그런데 우리는 바로 '영남의 학맥'에서 일찍이 우리의 역사로부터 찾아보기 어려웠던 왕성한 학파의 형성과정과 활동양상을 확인할 수 있는 것이다. 따라서 이들의 자취를 찾아가는 것은 그들의 성취가 어떠했는지에 관계없이 이미 충분한 의미를 가지는 것이기도 하다.

『영남의 학맥 1』은 600년 영남 성리학의 전개과정 중, 시대에 있어서는 성리학이 처음 도입된 고려 말에서부터 200년 뒤 이황이 등장하기 이전까지, 인물로는 안향으로부터 주세붕까지를 그 내용으로 다루고 있다. 이 시기 성리학의 전개는 안향을 중심으로 한 도입기와 려말선초 절의파와 관학파의 분화기, 그리고 성종 대에 시작된 사림파와 훈구파의 대립기, 그리고 성리학의 소화와 흡수를 통한 성숙기라는 4단계로 크게 구분된다. 각 단계별로 활동한 영남지역의 인물을 꼽는다면 도입기에는 안향과 우탁 · 이색이 있고, 절의파와 관학파의 분화기에는 정몽주 · 길재 · 이숭인 · 정도전 · 하륜 · 윤상 · 변계량 · 하위지 · 이맹전 등이 있으며, 사림파와 훈구파의 대립기에는 김숙자 · 김종직 · 김굉필 · 김일손 · 정여창 · 조위 · 손중돈 · 홍귀달 · 표연말 · 정붕 · 박영 · 권벌 등을 꼽을 수 있다. 마지막으로 이황의 퇴계학을 준비하는 성숙기에는 이현보 · 이언적 · 주세붕 등이 꼽힌다.

안향으로부터 이색에 이르기까지 성리학 도입기에 활동했던 인물들 대부분은 원元나라에 유학하거나 충선왕이 원나라 수도 연경에 세운 학술연구기관인 만권당에서 원나라 학자들과 교류한 인물들이다. 따라서 이들은 당시 원나라 학계를 주도하고 있었던 허형許衡(魯齋, 1209~1281)으로부터 많은 영향을 받았을 것으로 추측된다. 허형은 원나라에 주자학朱子學을 전한 조복趙復(1215~1306)으로부터 주자학을 전수받은 요추姚樞(雪齋, 1203~1280)의 문인으로 성리학을 원나라의 관학官學으로 정립한 사람이다. 리기론을 토대로 형이상학적 이론체계를 중시한 것이 주희가 건립한 주자학의 본래 모습이라면, 남송의 멸망과 함께 원나라로 전승된 허형의 주자학적 특징은 보다 실천적인 측면을 강조하는 입장으로 변형되었으며, 특히 『소학小學』을 중시했다.

이러한 허형의 주자학은 약 90년 동안 유지되었던 무신정권과, 약 30년 동안 7차례에 걸친 몽고와의 전쟁이 끝난 후, 왕권의 회복과 함께 새로운 출발을 위한 이념적 동력을 찾고 있던 고려의 지식인에게 상당히 매력적인 학문으로 비춰졌을 것이다. 또한 당시 원나라에서 이 주자학을 관학으로 삼아 개혁을 추진하고 있었다는 것은 그들에게 시사하는 바가 컸을 것이다. 그리고 다른 한편으로는 이론적이고 추상적인 형이상학적 논의가 아닌, 행위규범과 같은 실천중심인 허형의 주자학은 고려의 지식인에게 더욱 쉽게 이해될 수 있었을 것이다.

그리고 주자학 도입기에 활동했던 인물들의 활약은 대부분 무신정권과 몽고와의 전쟁으로 피폐해진 교육제도와 교육기관들을 재건하고, 원나라로부터 주자학과 관련된 서적들을 수입하여 주자학적 이념으로 무장한 새로운 지식인들을 키워내는 데 집중되어 있었다. 『주자전서』와 『사서집주』 등의 주요한 주자학 관련 서적이 이 당시에 수입 간행되었고, 정몽주 · 정도전 · 이숭인 · 권근 · 길재 · 하륜 등 여말선초 변화를 주도했던 인물들이 바로 이들의 노력에 의해 배출되었다.

이색의 문하에서 함께 성리학을 공부한 정몽주 · 길재 · 정도전 · 하륜 · 권근 등은 이성계의 역성혁명이 구체화되기 전까지는 그 정치적 입장에 있어서 큰 차이를 드러내지 않았다. 물론 정도의 차이는 있지만 이들은 모두 기본적으로 주자학적 이념을 통한 사회개혁을 추구하였다는 점에서 개혁의 동지였고 정치적 동반자였다. 하지만 이성계를 중심으로 정도전, 권근, 조준 등이 세력을 결집하고 역성혁명을 구체화하기 시작하자 이들은 성리학적 명분론에 기초해 고려의 체제를 유지하며 개혁을 추진해야 한다는 온건개혁파와 고려의 체제를 유지하면서 온전한 개혁을 추진할 수 없다고 주장하며 역성혁명을 주도한 급진개혁파로 분열하였다. 이들이 이렇게 이념적으로 분열할 수밖에 없었던 것은 기본적으로 이들의 현실인식과 성리학적 이념의 이해에 차이가 있었기 때문이다.

그들이 가졌던 현실인식에서의 차이라면 고려의 현실을 비관적으로 보느냐 혹은 낙관적으로 보느냐의 차이이다. 다시 말해서 역성혁명을 통해 완전히 새로운 나라를 세워야 할 만큼 고려의 현실이 비관적인가라는 물음에 그들은 각기 다른 답을 제시했던 것이다. 그리고 성리학적 이념의 이해에서 차이가 있었다는 것은 대체로 '내성외왕內聖外王', '수기안인修己安人'이라는 유학의 강령에서 어느 것에 무게중심을 두었는가의 차이이다. '내성'과 '수기'는 개인적이고 주관적인 실천, 즉 도덕적 인격의 수양을 뜻한다면, '외왕'과 '안인'은 객관적이고 사회적인 실천, 즉 이상적인 사회 혹은 국가의 실현을 위한 노력을 의미한다. 이 주관과 객관 두 방향의 실천은 결코 서로 독립된 것이거나 분리된 것이 아니다. 하지만 어느 것에 무게 중심을 두는가에 따라 완전히 다른 모습의 이론체계나 실천태도가 나타날 수 있다. 정몽주와 같은 온건개혁파가 '내성'과 '수기'에 무게중심을 두었다면, 정도전이나 권근 등은 '외왕'과 '안인'에 무게중심을 두었던 것이다. 따라서 전자는 도덕적 명분과 절의를 중시함으로써 조선건국에 반대하며 살해되거나 은둔하는 절의파로, 후자는 조선건국에 적극 참여하며 국가의 경영(經世)을 중시하는 관학파로 분열될 수밖에 없었던 것이다.

길재를 중심으로 조선건국을 전후해 은둔한 절의파는 지방에서 사학私學의 기틀을 다짐으로써 김숙자金叔滋·김종직金宗直로 시작되는 사림파를 형성하였다. 반면 조선 건국에 적극 참여한 관학파는 불교에 대한 비판과 함께 새로운 국가의 이념적 제도적 토대를 마련하였다. 사실상 성리학적 이념을 기초로 한 조선 500년의 정치·경제·사회적 제도와 법전 등의 기본적인 형태는 정도전과 하륜이라는 걸출한 관학자들의 활동에 의해 완성된 것이다. 그들은 성리학적 규범을 단순히 개인의 행위를 통제 조절하는 윤리적 영역에 국한시키지 않고, 사회 전반에 적용하여 성리학을 국가 이념으로 자리잡는 데 결정적 역할을 담당했던 것이다. 하지만 건국초기의 혼란이 수습되고 점차 왕권王權의 강화됨과 동시에 신권臣權이 약화되기 시작하면서, 관학파의 활동 역시 위축될 수밖에 없었다. 그리고 건국초기의 개혁의지도 점차 무디어지고 현실의 권력에 안주하게 되면서, 그들의 성리학 역시 변질되어 사장 또는 문장에 대한 관심과 강조로 이어졌다. 그것은 당시 활동했던 대표적인 인물인 윤상이나 변계량 등이 성리학이 아닌 문장을 통해 명성을 날렸다는 사실에서 확인할 수 있다.

하지만 세종과 문종을 거쳐 단종이 12세의 어린 나이에 즉위하자, 단종의 숙부인 수양대군은 계유정난을 일으켜 실질적인 정권을 잡고, 2년 뒤에는 결국 단종을 몰아내고 왕위에 올랐다. 이 사건은 성리학적 이념을 토대로 건국된 조선의 이념적 기반을 무너뜨린 사건으로 훗날 사림파와 훈구파 사이에 벌어졌던 피비린내 나는 사화의 씨앗이 되었다. 또한 수양대군(세조)은 왕위찬탈을 통해 문종과 단종 시기를 거치면서 비대해진 신권臣權을 김종서·황보인 등에 대한 숙청을 단행함으로써 약화시키고 왕권을 강화할 수 있었다. 하지만 비정상적인 방법을 통해 왕위를 계승하는 과정에서 지나치게 많은 공신들을 양산함으로써 또 다른 불씨를 남기기도 하였다. 세조의 뒤를 이어 왕위를 계승한 성종은 공신들로 구성된 훈구대신들의 권력을 견제할 수 있는 세력으로 절의정신과 명분론으로 무장한 사림을 적극적으로 기용하여 조정의 제2세력으로 키웠는데, 그 사림의 핵심인물들이 바로 김종직과 그 제자들이었다.

이러한 상황에서 기존의 정치적 권력을 유지하고 지켜가려는 훈구파와 새롭게 정치적 입지를 키워가려는 사림파의 대결은 필연적이었다. 성종 시대에 이 양대 세력은 비교적 균형을 유지할 수 있었다. 하지만 성종을 이어 연산군이 즉위한 지 4년 만에 김종직이 지은 「조의제문弔義帝文」을 그의 제자인 김일손이 사초史草에 기록한 것이 계기가 되어 무오사화가 일어남으로써 이미 사망한 김종직은 부관참시 당했고, 그의 제자들 대부분이 참형을 당하거나 유배되었다. 그리고 6년 뒤에 일어난 갑자사화는 무오사화에서 겨우 목숨을 건졌던 인물들마저 참형을 당함으로써 정계에 진출해 있던 김종직의 직계제자 대부분이 화를 입었다.

이렇듯 사화를 거치면서 김종직을 중심으로 한 사림은 회복불능의 피해를 입었지만, 다른 한편으로는 본격적인 사림의 시대를 준비할 수 있는 계기를 마련하기도 하였다. 즉 김굉필·정여창 등 김종직의 제자들은 유배지에서도 문인들을 키우고 사림의 정신을 전수함으로써 영남지역에 국한되어 있던 사림세력을 전국으로 확산시키는 계기를 만들었던 것이다. 특히 김굉필은 유배지인 평안도 희천에서 조광조에게 학문을 전수했을 뿐만 아니라, 김안국·김정국 형제를 통해 기호사림의 씨앗을 뿌리기도 하였다. 그 뒤 중종반정 이후 조광조의 급진적인 개혁 추진과 반정공신들의 위훈僞勳을 삭제하는 사건으로 일어난 기묘사화에서는 조광조를 중심으로 한 사림파가 화를 당하였고, 을사사화는 직접적으로 훈구파와 사림파의 대립으로 인해 발생한 것은 아니지만 권벌과 이언적 등이 화를 입기도 하였다.

사화기를 거치면서 사림파 성리학자의 저술들 대부분이 불태워지거나 유실됨으로써 이들의 성리학에 관한 이해나 특징을 분명하게 파악하는 것은 쉽지 않다. 하지만 단편적인 자료를 통해서나마 확인되는 사림파의 기본적인 특징은 무엇보다 정몽주에서 길재로 이어진 실천적 성격의 계승이고 그것은 『소학小學』에 대한 강조로 나타났다. 『소학』은 성리학적 이론서라기보다는 윤리적 규범서 혹은 실천적 수양과 관련된 서적이다. 따라서 『소학』을 강조한다는 것은 그 만큼 윤리적 규범과 실천적 수양을 강조했음을 뜻한다.

그리고 훈구파와 사림파의 대립기 혹은 사화기를 거치면서, 그 사화의 참상을 목격한 일부 학자들은 정계진출을 꺼리거나 포기하고 산림에 은거하여 학문연구에 몰두함으로써 성리학에 대한 철학적 이해가 본격적으로 시작되었으며, 시詩·서書·화畵 등 문학과 예술분야에서 새로운 영역을 개척하기도 하였다. 영남학맥에서 이러한 흐름에 나름대로 호응한 인물에는 이현보·이언적·주세붕이 있다. 사화기와 거의 일치하는 시기에 관직생활을 했던 이현보에게서는 관직생활 속에서도 늘 산림과 강호를 지향하는 모습으로 나타났으며, 우리나라 최초로 자연을 소재로 한 강호가곡을 창작하였다. 반면에 이언적은 단순히 실천원칙과 그 방법에 대한 논의로 이해되던 주자학을 철학적인 이론체계로 이해하기 시작한 학자였다. 이것은 사림파의 이념을 실천하는 방법 혹은 노선의 수정을 의미한다. 그리고 주세붕은 1,300여 편에 이르는 시가의 창작과 서원의 건립을 통해 성리학적 이념의 보급과 대중화에 힘썼다. 이들은 각기 그 지향하는 바가 달랐지만, 모두 주자학을 온전히 소화하여 독특한 체계로 등장하는 퇴계학의 토대가 되었다.

앞에서 대체적으로 살펴보았듯 안향에서 주세붕까지 약 200여 년에 이르는 조선주자학의 전개과정에서 영남학맥은 중요하면서도 핵심적인 역할을 담당하였다. 우리들의 과거를 구성하고 있고, 또 전통사회에서 이렇듯 중요한 역할을 담당하였지만, 근대 이래로 성리학이 중요한 비판의 대상이 되면서 성리학 중심의 영남학맥 역시 잊혀져 왔다. 조선의 유학자들이 진리로 여겼던 성리학은 현재를 살아가는 대부분의 사람들에게 더 이상 진리여부를 떠나 무가치·무의미한 것으로 받아들여진다. 그럼에도 불구하고 우리가 이들 영남학맥에 주목하는 것은 그들이 바로 우리의 전통이고, 잊혀져 있는 우리들의 과거이기 때문이다. 이제 안향으로부터 시작하여 각 인물들의 구체적인 삶에 접근해 보자.

1 안향安珦

생평生平

안향安珦(晦軒, 1243～1306)은 1243년 흥주성興州城 평리촌坪里村(현재의 경상북도 영주시 순흥면順興面 석교리石橋里)에서 출생하였다. 부친은 안부安孚였고 모친은 우성윤禹成允의 딸 강주剛州 우씨禹氏였다. 그의 본래 이름은 유裕였으나 훗날 향珦으로 고쳤다. 자字는 사온士蘊이고, 호號는 회헌晦軒이며, 시호諡號는 문성文成이다. 그의 출생지인 흥주는 고려 충목왕(1345～1348) 때에 부府로 승격하며 지명을 순흥順興으로 바꾼 후 지금까지 그대로 불리어지고 있다.

안향의 어린 시절에 대한 기록은 전해지지 않으며, 다만 그가 출생한 이듬해에 부친인 안부가 문과에 급제하여 임지로 부임하게 되자, 그는 조부인 안영유安永儒의 슬하에서 성장하며 학문의 기초를 닦았던 것으로 전해진다. 그가 태어났던 시기는 고려 무신정권이 들어선 후 64년이 되던 해였을 뿐만 아니라, 1231년 몽고군의 침입으로 수도가 강화도로 천도하는 등 30여 년 간의 전쟁으로 안과 밖이 모두 어려운 혼란기였다.

이렇듯 장기간에 걸친 무인집정과 몽고와의 전란으로 인해 고려 개국 초부터 설치되었던 국자감 등의 교육기관은 제 기능을 상실하고 있었다.

<그림 1> 안향 영정

이러한 상황에서 안향은 1260년(원종 1) 18세의 나이로 문과에 급제하여 정치에 입문하게 되었다. 그가 등용된 1260년은 고려사에 있어서 하나의 전환기가 된 중요한 시기였다. 즉 고종 45년인 1258년 3월 마침내 최씨 무인정권이 막을 내리고 왕권이 회복되었으며, 그 이듬해 4월에는 몽고와의 강화로 전쟁 역시 끝나게 되었을 뿐만 아니라, 그 해 6월 내우외환의 시대를 이끌어 왔던 고종이 사망함으로써 안향이 문과에 급제한 1260년에는 새로운 시대를 개막할 새로운 왕이 즉위하였던 것이다. 사실상 안향의 문과 급제 역시 새롭게 즉위한 원종이 귀족문벌의 권력독점을 견제하며 왕권을 강화하기 위한 목적으로 귀족문벌 자제들의 등용을 배제하고 향사출신 사대부의 등용을 적극적으로 추진한 결과였다. 또한 이것이 고려말기 신흥사대부들의 관계진출과 세력확장의 시발점이 되기도 하였다.

안향은 1260년 문과에 급제하여 교서랑校書郎이 되고, 1270년 삼별초의 난 때 강화江華에 억류되었다가 탈출한 뒤 감찰어사監察御史가 되었다. 1275년(충렬왕 1) 상주판관尙州判官이 되어 미신타파에 힘썼고, 판도사좌랑版圖司佐郞·감찰시어사監察侍御史를 거쳐 국자사업國子司業에 올랐다. 1288년 정동행성征東行省의 원외랑員外郞을 거쳐 이듬해에는 유학제거儒學提擧가 되고, 그 해 왕과 공주를 호종하여 원나라에 들어가 연경燕京에서 『주자전서朱子全書』를 필사하여 돌아와 주자학朱子學을 연구하였다.

1294년 밀직사부지사密直司副知事로서 동남도병마사東南道兵馬使를 겸해 합포진合浦鎭에 부임하였고, 밀직사사密直司使를 거쳐 1296년 삼사좌사三司左使·첨의참리세자이사僉議參理世子貳師를 지냈다. 1299년 수국사修國史, 1304년 첨의시랑찬성사판판도사사僉議侍郞贊成事判版圖司事에 이르렀다. 또한 섬학전贍學錢이란 육영재단育英財團을 설치하고, 국학대성전國學大成殿을 낙성하여 공자의 초상화를 비치하고, 제기祭器·악기樂器·육경六經·제자諸子·사史 등의 책을 구입하여 유학진흥에 힘썼다. 1306년(충렬왕 32) 도첨의중찬都僉議中贊을 마지막 벼슬로 사망하였다.

그가 사망한 후 12년이 지난 1318년(충숙왕 5) 충숙왕은 원나라 화가에게 그의 초상을 그리도록 하였다. 하지만 현재 국보 제111호로 지정되어 전해지고 있는 안향의 화상은 그 때 그린 것이 아니다. 그것은 원본 초상을 모사한 것을 조선 명종 때 다시 고쳐가며 재모사한 것이다. 1542년 풍기군수로 부임한 주세붕周世鵬이 영주군 순흥면 내죽리內竹里에 사당을 세우고, 이듬해 8월에는 송나라 주자가 세운 백록동서원白鹿洞書院을 모방하여 백운동서원白雲洞書院을 세웠는데, 1549년(명종 4) 풍기군수 이황李滉의 요청에 따라 '소수서원紹修書院'이라는 명종 친필 사액賜額이 내려졌다. 안향은 뒷날 문묘文廟에 배향되고, 장단長湍의 임강서원臨江書院, 곡성谷城의 회헌영당晦軒影堂, 영주의 소수서원에 제향되었다.

<그림 2> 죽계

소수서원을 돌아 흐르는 계곡이다.

주요활동

고려 후기의 문신이며 학자인 안향의 주요활동에서 결코 간과할 수 없는 것은 바로 주자학의 도입과정에서 나타나는 그의 역할이다. 물론 근래에 이르러 주자학은 안향보다 앞서 이미 전래되었다는 주장도 있다. 특히 고려 중기에 이미 북송 성리학자에 대한 이해가 깊었었고 실제로 고려의 학자들이 중국에 직접 가서 중국의 학자들을 만나고 왔다는 기록이 있으므로 주자학이 전래되기 이전 북송시대의 성리학이 고려에 이미 수입되었다는 것이다. 뿐만 아니라 주자학이 전래될 때, 주자학만 수입된 것이 아니라 육구연陸九淵(象山, 1139~1192)의 상산학象山學이나 호굉胡宏(五峰, ?~1161) · 장식張栻(南軒, 1133~1180)의 호상학湖湘學 등이 함께 전래되었다고 주장하며 종래의 주자학 전래시기와 주자학 중심의 논의를 비판하는 견해 역시 보인다. 하지만 안향 이전 누군가에 의해 주자학이 전래되었다고 하더라도 그것이 시간적으로 연속되지 못하였고, 공간적으로 확장되지 못하였다면 진정한 의미에서 주자학의 전래시기라고 볼 수는 없다. 따라서 주자학의 전래문제와 관련하여 안향의 역할은 바로 주자학의 전래과정에서 그것이 시간적인 연속성과 공간적인 확장성을 갖고 고려 사회에 뿌리내리도록 하였다는 점에 있다.

안향이 주자학을 수용한 시기, 고려의 국내 정세는 약 90년 간의 무신정권에 의한 정치 · 경제 · 문화적 혼란이 극심하였으며, 고려의 정신적 이념이었던 불교 역시 종교적 권위와 문화적 구심적 역할을 이미 상실한 시기였다. 대외적으로는 약 30년 동안 7차례에 걸친 몽고와의 전쟁에 의해 전 국토는 황폐화되었고 끝내는 몽고에 복속되어야 하는 위기에 처해 있었다. 보다 구체적으로는 무신들의 난에 의한 지배층의 세습, 전시과의 변질에 의한 귀족계급의 토지겸병, 불교의 부패에 의한 이념적 구심점의 상실, 몽고의 침입에 의한 국권의 상실은 당시 고려사회를 위기적 상황으로 몰고 가는 주요한 원인들이었다. 이러한 상황에서 안향은 주자학을 단순히 이론적 학문이 아닌 민생을 구제하고 자주적인 국가를 건설할 수 있는 이념적 토대로서 인식하고 수용하였던 것이다.

안향이 주자학을 수용한 것은 주희朱熹(晦庵, 1130~1200)가 사망한 지 약 90년 이후이며, 남송南宋이 멸망(1279년)한 지 10년이 지난 후였다. 주희가 활동하던 시기 고려와 남송과의 외교적 관계는 단절되어 있었기 때문에 양국의 공식적인 교류는 없었다. 하지만 비공식적인 무

<그림 3> 숙수사 당간지주

원래 이 곳에는 통일신라시대 때 세워진 숙수사라는 절이 있었으나 1467년(세조 3) '단종 복위 운동'의 실패로 순흥도호부가 폐부될 때 불타 없어졌다는 설과, 조선시대의 배불정책으로 쇠락했다는 두 가지 설이 있다. 주세붕은 숙수사 터에 백운동서원을 건립하였다.

역은 이루어지고 있었기 때문에 왕래하던 상인들에 의해 주희의 저술이 고려에 전래되었을 가능성 역시 부정할 수는 없을 것이다. 하지만 그 당시 주희의 저작들은 주목받지 못한 것으로 보인다. 그것은 고려 고종 때에 주희의 증손인 주잠朱潛이 고려에 귀화 하였지만 당시 주희에 관한 구체적인 기록이나 문헌이 존재하지 않는다는 것은 고려 지식인의 주희에 대한 평가나 인식이 본격적으로 시작되지 않았음을 의미하기 때문이다.

1231년 몽고군의 1차 침략에서 패한 고려는 그 이듬해에 몽고와 화친을 맺고 수도를 강화도로 옮기면서 몽고와의 사신왕래가 시작되었다. 그 당시를 전후하여 남송의 주자학자인 조복이 원나라의 포로로 잡혀 연경에서 주자학을 강론하게 되었지만 고려의 주자학에 대한 관심은 본격적으로 시작되었다고 볼 수 없다. 대체로 고려가 주자학에 대해 관심을 표명하기 시작한 것은 1257년 고려 무신정권의 붕괴와 함께 1258년 최종적으로 몽고와의 강화가 성립하였을 뿐만 아니라, 1260년 원나라 세조가 즉위하여 원나라에서 주자학이 본격적으로 발전하기 시작하는 이후라고 할 수 있다. 그리고 이 시기는 바로 안향이 관직에 올라 본격적으로 활동하는 시기와 일치하는 것이기도 하다. 원나라의 세조는 주자학을 통치이념으로 삼고, 1270년에는 제로학교에 제거提擧 및 교수관을 두어 경사를 강론하게 하였으며, 그 이듬해에는 국학에서 허형許衡(魯齋, 1209~1281)이 직접 제자들을 기르기도 하였다. 그리고 1271년 몽고제국의 세조는 『역경易經』의 '대재건원大哉乾元'에서 인용하여 국호를 '대원大元'으로 정하여 내외에 선포하였는데, 이것은 몽고제국이 단순히 유목제국이 아닌 중국식의 중앙집권적 관료국가로 거듭났음을 선언한 것이기도 하다.

이러한 원나라와의 관계 혹은 역사적 배경 속에서 안향은 1279년 대방공 징을 수행하는 독노화禿魯花(볼모) 고관자제 25인 중 하나로 선발되어 그 뒤 약 5년 동안 원나라에 머물렀다. 안향이 연경에 머무르던 당시 남송南宋은 멸망(1279년)하였고, 당시 최고의 주자학자였던 허형은 국학에서 교육을 담당하고 있었다. 그러므로 안향은 어떤 형태로든 허형의 영향을 받았고, 주자학과 관련된 서적들도 구독할 수 있었으리라 짐작된다. 그리고 대체로 이 시기에 그는 최초로 『주자전서』를 읽고 필사하였을 뿐만 아니라 공자와 주자의 화상畵像을 그려 가지고 돌

<그림 4> 소수서원 입구의 학자수學者樹 군락

3백년 이상 된 적송군락으로, 적송은 겉과 속이 모두 붉기 때문에 표리表裏가 일치하는 학자를 가리키게 되었다.

아와 주자학을 연구 · 보급하게 되었을 것이다. 귀국 후에 안향은 백이정白頤正(彛齋, 1247~1323), 권보權溥(菊齋, 1262~1346), 우탁禹倬(易東, 1263~1342) 등의 제자들에게 주자학을 전수하기 시작하며, 주자학적 이념으로 나라를 재건하기 위해 노력하게 되었다.

1289년 11월 안향은 유학제거로서 충렬왕과 공주 그리고 세자를 호종하여 다시 원나라의 수도인 연경을 방문하였다. 이 때 연경에는 1287년에 세워진 국자학에서 허형의 제자인 야율유상耶律有尙이 주자학을 강론하고 있었으며 주자학은 국가의 이념으로 자리 잡아 가고 있었다.

이러한 원나라의 모습은 그에게 주자학을 통한 국가 재건의 의지를 더욱 굳히는 계기가 되었으리라 짐작된다. 그 뒤 1298년 그는 3차로 충선왕을 수행하여 연경을 방문하며 주자학이 원나라에서 뿌리내리는 과정을 지켜보기도 하였다.

<그림 5> 소수서원 문성공묘

안향의 위패를 모신 곳으로서 후에 안보와 안축, 주세붕의 위패를 함께 모시고 매년 음력 3월과 9월 초정일初丁日에 제향하고 있다.

1300년 안향은 마침내 재상직에 오르면서 주자학을 진흥시킬 토대를 마련하게 되었다. 그리고 그 이듬해인 1301년에 그는 자신의 집을 국학에 헌납하였으며, 1303년에는 담학전을 설치하고, 김문정을 중국 남경으로 보내 공자와 그 제자의 화상, 그리고 문묘에서 사용할 제기祭器·악기樂器 등을 구해오게 하였다. 그리고 1304년에는 마침내 새로운 국학 건물이 완성되어 학생들을 교육하게 됨으로써 주자학이 뿌리내리는 토대를 마련하게 되었다. 그의 이와 같은 노력으로 이색, 정몽주, 정도전, 권근 등과 같은 여말선초의 변혁에 주도적인 역할을 담당했던 학자들을 배출하게 되었다.

철학사상과 영남학맥에 있어서의 위치

안향의 주자학에 대한 이해, 혹은 그의 철학사상이 어떠했는가를 밝혀 줄 문헌은 거의 전해지지 않는다. 그의 사승관계에 대해서도 구체적으로 밝혀진 것은 없다. 안향의 정치입문과정에서 상당한 역할을 담당하며 대사성을 역임했던 이장용李藏用과 유경柳璥이 그의 스승이었다고 주장하기도 하지만, 구체적인 관계는 밝혀지지 않는다. 다만 안향의 일생행적과 삶의 지향에서 본다면 몇 차례 원나라를 내왕하면서 허형으로부터 받은 영향을 결코 무시하지 못할 것이다. 주지하듯 원元으로 북상한 주자학의 특징은 종전의 도문학道問學 공부에 대한 치중보다는 존덕성尊德性 공부에 무게 중심을 둔 데 있었으며, 이것은 비단 허형뿐만 아니라 망해버린 남송 지역에서 활동하던 오징吳澄(草廬, 1249~1333)의 철학사상에서도 동일한 특징이 나타난다. 이렇듯 안향에 의해 수입된 주자학은 이미 주희가 체계화한 주자학과는 완전히 동일한 모습은 아니었으며, 이것은 훗날 조선성리학의 특징을 형성하는 데 있어서 중요한 작용을 한 것으로 보인다.

하지만 전체적으로 안향에게 있어서 주자학은 단순히 지적호기심의 충족이나 학술적 연구를 위한 욕구로부터 그 수용의 필요성이 제기되지 않았다는 사실에 주목할 필요가 있다. 흔들리는 나라를 굳건한 이념적 반석 위에 세우고자 했던 그의 목표는 주자학을 이론적 탐구의 대상으로 설정하기보다는 실천적 행위규범으로 이해하도록 만들었을 가능성이 더 크다는 점이다. 이것은 그에게서 성리학적 이론의 완성된 체계나 이론적 탐구의 흔적을 쉽게 찾아볼 수 없는 주요한 원인일 것이다. 그리고 그의 이러한 기본적 지향은 조선 초기까지 이어져 조선의 건국과 주자학의 정치이념화에 큰 영향을 끼쳤으며 그 발전방향을 결정했다고도 볼 수 있다.

<그림 6> 경렴정景濂亭과 소수서원 입구

경렴정은 1543년 주세붕이 지은 정자이다. 정자의 명칭은 중국 북송시대의 철학자 주돈이를 경모한다는 뜻이다.

앞서 살펴보았듯이 안향은 무인집권기에 태어나 충렬왕 시기까지 활동하면서, 주자학을 통한 새로운 정치질서와 이념을 정립하기 위해 노력하였다. 다시 말해서 그는 당시의 시대상황을 자각하고 주자학적 이념을 기반으로 그 위기를 극복하기 위해 적극적인 교육 활동을 전개하였던 것이다. 훗날 주세붕은 『죽계지竹溪志』의 서문에 다음과 같이 기록하고 있다.

> 고려의 사관史官은 주자학에서 말하는 도道나 리理가 무엇을 뜻하는지 몰랐기 때문에 그의 공적은 말할 수 있어도 그의 학문에 대해 논할 수는 없었다. 그리하여 나는 『고려사』를 읽을 때마다 「안문성공전安文成公傳」에 이르러 탄식하지 않은 적이 없었다. …… 역사는 그가 섬학전을 설치하고, 사후 문묘에 배향된 사실만을 들먹이는데, 식견의 비루함이 이와 같다.

주세붕의 평가처럼 안향이 어떻게 단순히 양현고와 섬학전을 설치하는 등 출세한 관료로서의 공적만으로 평가될 수 있겠는가? 그는 불교를 대신할 새로운 정신적 이념으로 주자학을 수용하였고, 그것을 실천하기 위해 황폐화된 국학을 중건하였다. 이후 그의 이러한 이념을 계승한 학자들이 끊이지 않고 배출됨으로써 고려후기나 영남의 학맥뿐만 아니라, 전체 조선 500년의 학풍을 열어 가는 계기가 되었던 것이다. 안향의 학풍은 우탁과 권보로 이어지고, 권보로부터 다시 이제현을 거쳐 이색으로 이어졌으며, 이색의 문하에서 정몽주, 정도전, 이숭인, 권근, 길재 등 고려 말의 여러 성리학자들이 배출되어 그 변화를 주도하였다.

참고문헌

김병구, 「안향의 생애와 사상」, 『한국사상과문화』 창간호, 한국사상문화학회, 1998.

김충열, 「성리학의 동점 과정」, 『南冥學硏究論叢』 제12집, 남명학연구원, 2003.

정옥자, 「여말 주자성리학 도입에 대한 시고 - 이제현을 중심으로」, 『진단학보』 51집, 진단학회, 1981.

이남복, 「고려후기 성리학수용과 권보의 사상」, 『민족문화논총』 18 · 19합집, 영남대학교민족문화연구소, 1998.

2 우탁禹倬

생평生平

우탁禹倬(易東, 1263～1342)의 본관은 단양丹陽으로 자字는 천장天章 혹은 탁부卓夫이다. 호號는 백운당白雲堂 혹은 단암丹巖이지만 흔히 '역동선생易東先生'이라 불리며 시호는 문희文僖이다. 그는 단양 우씨의 시조인 우현의 7대 손으로 고려 원종 4년 단산현丹山縣 품달리品達里 신원新院(현재의 충북 단양군 적성면 현곡리)에서 태어났지만, 관직에서 물러난 뒤에는 안동의 예안禮安에서 생활하였다. 29세인 충렬왕 16년에 문과에 급제하여 영해사록寧海司錄으로 부임하였고 그 뒤 진주목사, 사인舍人, 감찰규정, 진현관 직제학, 성균관 좨주祭主 등을 역임한 후, 81세를 일기로 1342년 세상을 떠났다. 일생 동안 그는 단호한 목민관, 강직한 신하 그리고 깊은 학문으로 사표가 된 교육자의 길을 걸었다.

우탁의 사승관계에 대한 기록은 백문보白文寶(1303～1374)가 지은 「백이정행장白頤正行狀」에서 확인된다. 즉 우탁은 백이정, 권보와 함께 안향의 문하에서 수학한 것으로 기록되어 있으며, 이것은 학계에서

<그림 7> 역동우탁선생유허비각
高麗祭酒易東禹倬先生遺墟碑閣

경상북도 안동시 와룡면臥龍面 오천리烏川里에 있는 우탁의 유허에 세운 비석과 비각으로, 비석에는 '고려좨주역동우탁선생유허高麗祭酒易東禹倬先生遺墟'라고 새겨져 있다.

일반적으로 받아들이고 있는 관점이기도 하다. 하지만 그가 언제 어떻게 안향의 문하에 들어가 수학하게 되었는지에 대해서는 알려진 것이 없다.

그는 특히 역학에 밝아서 『역론』, 『역설』, 『사우도수』, 『가례요정』, 『초학계몽』, 『정전이해』 등의 많은 역학과 성리학 관련 저술을 남긴 것으로 알려지지만 현재는 어느 것도 전하지 않고 다만 3편의 시와 2편의 시조, 그리고 한편의 서간문이 남아 있을 뿐이다. 따라서 우탁에 대한 연구는 다른 학자들의 문집이나 후인들의 기록에 의존하는 간접적인 방식으로 이루어질 수밖에 없다.

그의 문인으로는 한희유韓希愈, 장일張鎰, 홍자번洪子藩, 유천우兪千遇, 신현申賢 등이 있으며, 그 가운데 신현이 가장 뛰어났던 것으로 전해진다. 신현은 스승인 우탁의 저술들을 첨삭 및 교정하여 편집하였으나 전하지 않고, 다만 그의 제자인 원천석이 우탁과 신현의 사적事蹟을 기록하고 있는 「화해사전華海師全」만이 전해지고 있다. 우탁을 제향하는 역동서원易東書院은 이황이 제안하여 1570년(선조 3) 예안에 세워졌으나 안동댐 건설 후, 안동대학교 구내로 이건하여 안동대학교 부속서원이 되었다. 이외에도 우탁은 충북 단양의 단암서원, 경북 영덕의 단산서원, 안동의 구계서원(영남대학교 구내로 이건됨), 대구의 낙동서원 등에 제향되고 있다.

주요활동

비록 직접적으로 우탁의 역학이나 성리학관련 저술들이 전해지지는 않지만, 그와 관련된 몇 가지 일화는 비교적 상세하게 전해진다. 먼저 『고려사』에서는 그가 과거에 급제한 후 영해사록寧海司錄으로 부임했을 때, 영해군에서 팔령신八鈴神이라는 방울신을 섬기는 것을 보고 방울을 부수어서 바다에 던져버리고 그 귀신을 모신 사당을 허물어 민심을 안정시킨 것으로 전해진다. 풍어를 기원하거나 재난을 물리치기 위한 어민들의 소박한 소망에 의해 형성되었던 민간 무속신앙의 한 형태로 추정되는 팔령신 사당을 허문 일화는 성리학적 이념에 근거한 그의 세계관을 보여주는 대목이다. 그가 성리학에서 미신으로 치부하는 민간신앙을 타파하는 데 있어서 이토록 단호한 태도를 취하였기 때문에 이와 관련된 일화가 비교적 상세하게 전해지고 있으며, 영해지방에서는 다양한 내용으로 변화를 거듭하며 구전되어지고 있다. 또한 이러한 일화는 그의 성리학에 대한 이념적 지향 혹은 신진사대부가 지니고 있던 일반적인 의식세계를 잘 보여주는 것이기도 하다.

또한 1308년(충선왕 1) 감찰규정監察糾正으로 있을 때 충선왕이 부왕인 충렬왕의 후궁이었던 숙창원비淑昌院妃를 범하자 '내 말이 틀리다면 도끼로 내 머리를 쳐라'는 의미로 도끼와 함께 상소(持斧上疏)를 올린 후, 관직을 사퇴하고 안동 예안으로 돌아가 학문에 몰두하였다. 『고려사』 「숙창원비열전」에 따르면 숙창원비는 본래 김양감의 딸로 젊어서 과부가 되었는데, 충선왕이 부왕인 충렬왕을 위로하기 위해 궁중으로 불러들여 충렬왕의 후궁이 된 여인이었다. 하지만 오래지 않아 충렬왕이 사망하자 충선왕은 숙창원비의 처소인 김문연의 집으로 찾아가 그녀를 범하고 숙비로 책봉하였다. 사실상 충선왕의 이러한 행위는 당시 라마교를 신봉하던 원나라의 풍속에서는 크게 문제될 것이 없었고, 충선왕은 바로 그러한 원나라에 오랫동안 체류하며 원나라의 풍습에 익숙해 있었다. 그럼에도 불구하고 충선왕의 행위에 대해 우탁이 지부상소를 올린 것은 문란한 왕의 행위뿐만 아니라 왕의 측근에서 그 잘못을 바로잡지 못한 친원 권문세족에 대한 비판을 동시에 담고 있다고 보는 것이 보다 정확할 것이다.

감찰규정 이후, 그가 어떤 관직에 있었는지는 정확하게 알 수 없지만, 뒤에 성균관 좨주祭酒를 지낸 후 벼슬에서 물러났다. 좨주란 본래 제사를 주관하던 인물을 가리키는 말이었으나, 후에는 그러한 인물을 지칭하는 관직명으로 성균관 좨주는 종3품의 관직이었다. 주로 학문이 뛰어나고 덕이 높은 사람이 임명되었으며, 이 시기 그의 역학 혹은 성리학은 어느 정도 완숙단계로 접어든 것으로 볼 수 있다. 아울러 그의 '역동易東'이라는 호는 우탁이 중국의 학자들과 역학에 대해 논할 때 그의 박학함에 놀란 중국의 학자가 '우리의 역학이 동쪽으로 갔다(吾易東矣)'라고 한 것에서 따온 것이다. 이 역동이라는 호는 우탁 생존시에는 사용하지 않았고, 이황이 우탁을 제향하는 서원을 역동이라 이름지은 후에야 사람들은 비로소 그를 역동선생이라 부르게 된 것이다.

<그림 8> 역동서원易東書院

이황과 그 제자들에 의해 세워진 안동 최초의 서원으로 안동댐 건설 이후 안동대학교 구내에 이건移建되어 있다.

철학사상과 영남학맥에 있어서의 위치

한반도에 유학이 전래된 것은 삼국시대까지 거슬러 올라간다. 이렇게 일찍이 수입된 유학은 고려말기까지 일정한 영역에서 교육과 통치

이념으로 작용해 왔다. 하지만 이 시기 유학의 일반적인 특징은 성리학과 같이 우주와 인간에 대한 철학적 탐구와 그 이념의 실천을 핵심 내용으로 하기보다는 단순히 시를 짓고 아름다운 글을 쓰기 위한 사장학詞章學의 역할을 담당해 온 것이 사실이다. 그렇다면 우탁의 학문은 어떤 성격을 지니고 있는가? 앞에서 언급하였듯 우탁의 학문적 성격을 확인할 수 있는 직접적인 자료들은 전해지지 않는다. 다만 간접적인 방식으로 확인되는 우탁의 학문은 '역동'이라는 그의 호가 대변해 주듯, 역학과 깊이 관련되어 있는 것으로 추측할 수 있을 뿐이다.

그리고 그가 관심을 가졌던 역학은 경전으로서의 『주역』이 아니라, 이정二程(정호, 정이 형제)과 주희의 역학이었음을 다음과 같은 『고려사』의 기록에서 확인할 수 있다. 『고려사』에는 "정자의 역전이 처음 우리나라에 전해졌을 때, 그것을 해석할 수 있는 사람이 없었다. 우탁이 한 달 넘도록 문을 걸어 잠그고 연구하여 학생들에게 가르치니 비로소 리학理學이 전해지게 되었다"고 기록되어 있다. 또한 태조와 태종의 교서에서도 비슷한 내용이 기록되어 있는데, 먼저 태조의 교서에서는 "좨주 우탁은 도학이 정밀하고 밝아서 동방 리학의 시조가 되더니 그의 손자인 우현보에 이르러 그 조부를 계승할 수 있었다"고 하였고, 또 태종의 교서에서는 "『역전易傳』은 사문斯文의 조종祖宗인데 이 사람이 『역전』을 강해하여 리학理學이 비로소 이 땅에 창도되었고, 성균관의 학문은 유도에서 가장 먼저 할 것인데, 이 사람이 의논하여 성균관의 학문을 세워 도학이 비로소 밝아지니 공이 없을 수 없다"고 하였다. 이러한 기록에 따른다면 그의 역학은 곧 성리학적 우주론을 담고 있는 성리학적 역학임을 확인할 수 있다.

역학 이외에 그의 성리학적 사유를 짐작할 수 있는 기록은 원천석元天錫이 편집한 「화해사전華海詞全」에서 찾아볼 수 있다. 여기에는 우탁과 그의 제자 신현申賢이 성리학의 중요한 개념들인 '성誠'과 '경敬'에 대해 나눈 대화록이 기록되어 있어서 우탁의 성리학에 대한 이해의 단편을 확인할 수 있다. 여기에서 '성'과 '경'에 대한 우탁의 이해는 기본적으로 주자학적 관점을 토대로 하고 있음이 드러나며, 진실무망한 천리天理의 본연인 성性을 경敬의 공부를 통해 실현해야 한다고 주장한다. 이렇듯 「화해사전」은 우탁의 사상을 간접적으로나마 확인할 수 있는 거의 유일한 자료이지만, 그 내용의 신뢰성에 대해서 모든 학자들이 공감하고 있는 것은 아니다.

이러한 성리학 관련 자료 외에 우탁이 남긴 것으로 전해지는 두 편의 시조는 우리나라 시조 문학사에서 그 가치가 인정되고 있는데 소개하면 다음과 같다.

춘산春山에 눈 녹인 바ᄅᆞᆷ 건 듯 불고 간 ᄃᆡ 업다.
져근 덧 비러다가 마리 우희 불니고져
귀 밋틔 ᄒᆡ묵은 서리를 녹여 볼가 ᄒᆞ노라. 『청구영언青丘永言』

ᄒᆞᆫ 손에 막ᄃᆡ 잡고 또 ᄒᆞᆫ 손에 가싀 쥐고,
늙ᄂᆞᆫ 길 가싀로 막고, 오ᄂᆞᆫ 백발白髮 막ᄃᆡ로 치려터니.
백발白髮이 제 몬져 알고 즈럼길노 오더라. 『해동가요海東歌謠』

<그림 9> 사인암舍人岩

단양팔경 중 하나인 사인암舍人岩은 성종 때 임재광이 단양군수로 재직하던 중 우탁이 사인벼슬에 있을 때 이곳에서 청유淸遊하였다는 이야기를 듣고 붙인 이름이다. 이 사인암에는 "우탁 너는 저 무리들과 같지 않다(卓你弗羣), 굳세어라 뜻을 펴지 못하더라도(確乎不拔)"라는 우탁의 글이 새겨져 있다.

이 두 편의 시조에 대해서 국문학계에서는 일반적으로 우탁의 작품으로 인정하고 있지만, 그것이 실려있는 『청구영언』과 『해동가요』에서는 작자미상으로 기록되어 있기 때문에 우탁의 작품으로 단정할 수 없다는 견해도 보인다.

우탁은 동시대를 살아갔던 권보 등과 함께 조선성리학의 토대를 형성했던 인물이며, 특히 역학에 대한 이해를 통해 성리학의 보급에 기여하였다. 그는 영해사록과 감찰규정 등의 관직생활에서 성리학적 이념의 실천에 힘을 쏟았고, 『고려사』와 「화해사전華海詞全」 등의 간접적인 자료들에 따르면 성리학적 기본 이념에 대한 이해가 이미 어느 수준에 이르렀음을 짐작할 수 있다. 그는 비록 영남에서 태어나지는 않았지만, 만년에 안동 예안 지방에서 생활함으로써 안동의 성리학적 전통, 특히 퇴계학파의 형성에 일정부분 영향을 주었으리라 충분히 짐작할 수 있다. 그것은 이황을 중심으로 역동서원이 건립되고 우탁이 제향되었다는 사실에서 충분히 확인된다.

▮ 참고문헌

조준하, 「역동 우탁의 생애와 사상」, 『한국사상과문화』 제13집, 한국사상문화학회, 2001.

이종호, 「우탁의 형상과 예안의 퇴계학단」, 『퇴계학』 제4집, 안동대학교퇴계학연구소, 1992.

우쾌제, 「역동우탁의 사상과 문학」, 『대동문화연구』 제25집, 성균관대학교 대동문화연구원, 1990.

3 이색李穡

생평生平

이색李穡(牧隱, 1328～1396)의 자字는 영숙穎叔이고 호號는 목은牧隱이며 본관은 한산韓山이다. 그는 충숙왕 15년 영해부寧海府 외가에서 이곡李穀(1298～1351)의 외아들로 태어나 태조 5년 59세로 일생을 마쳤다. 8세에 충청도 한산韓山에 있는 숭정산崇井山에서 독서를 시작하여 14세에 성균시에 합격하였으며, 1348년(충목왕 4) 20세에 부친인 이곡이 원나라에서 중서사전부中瑞司典簿라는 벼슬을 하자 원나라의 국립학교였던 국자감에 입학하여 3년 동안 재학하였다. 국자감에서 그는 주자학을 원나라의 관학으로 정착시킨 허형許衡(魯齋, 1209～1281)을 이은 구양현歐陽玄(圭齋, 1283～1357)의 문하에서 성리학을 본격적으로 접하였던 것으로 알려진다. 그리고 충선왕이 연경에 세운 만권당에서 활동하고 있던 이제현과의 사제관계도 이 때에 맺어진 것으로 알려져 있다. 당시 원나라에서는 1314년에 충선왕에 의해 만권당이 설치되고 1315년 과거가 다시 시행되면서 주자학이 성행하고 있었다.

<그림 10> 서산서원西山書院

경북 안동시 일직면 원리에 위치해 있으며, 이색의 학문과 덕행을 추모하기 위해 세운 서원이다.

1351년(공민왕 1) 부친이 사망하자 귀국한 이색은 그 이듬해에 과거에 급제하였고, 다시 그 이듬해인 공민왕 3년 원나라의 과거인 전시에도 급제, 국사원편수관國史院編修官 등을 지내다가 귀국하였다. 이듬해 다시 원나라의 한림원翰林院에 등용되었다. 1356년 귀국한 후 공민왕의 개혁정치가 본격적으로 시행되면서 이색은 공민왕의 측근에서 이부시랑吏部侍郎 등 인사행정을 주관하며 왕권의 강화에 걸림돌인 정방政房을 혁파하는 등 개혁을 추진하였다. 또한 공민왕 14년 신돈辛旽(?~1371)이 집권하자 교육과 과거제도의 개혁에 있어서 중심적인 역할을 담당하기도 하였다. 1361년 홍건적紅巾賊이 침입했을 때는 왕을 호종하여, 1등공신이 된 후 좌승선左承宣 등 여러 관직을 지냈다. 1367년 대사성大司成이 되자 성균관의 학칙을 새로 제정하고 정몽주鄭夢周·이숭인李崇仁 등과 강론하며 성리학 발전에 공헌하였다.

공민왕 20년 신돈이 몰락하고 공민왕 역시 시해되자 그의 정치활동은 위축될 수밖에 없었지만, 우왕과 창왕 재위 기간 동안에도 그는 정당문학政堂文學, 판삼사사判三司事 등을 역임하였다. 특히 우왕 14년 위화도 회군이 단행된 이후 그는 문하시중門下侍中에 오르기도 하였다. 그러나 오래지 않아 고려왕조의 존속을 전제로 개혁을 추구하였던 이색은 위화도 회군의 중심세력인 이성계와 정도전 등에 의해 장단長湍과 함창咸昌 등에 유배되었다. 1391년(공양왕 3) 석방되어 한산부원군韓山府院君에 책봉되었으나 다시 여흥驪興 등지에 유배되었다가 풀려났다. 조선 개국 후 태조가 1395년 한산백韓山伯에 책봉했으나 사양하였고, 이듬해 여강驪江으로 가던 중 사망하였다. 박상충朴尙衷 · 정몽주鄭夢周 · 이숭인李崇仁 · 정도전鄭道傳 · 권근權近 등이 모두 그의 문하에서 배출되었고, 『목은문집牧隱文集』이 전해진다.

주요활동과 영남학맥에 있어서의 위치

이색의 집안은 대대로 한산韓山에서 호장직戶長職을 계승한 지방향리층이었다. 한산 이씨의 시조인 이윤경李允卿으로부터 이색의 증조부인 이창세李昌世까지 모두 호장이었고, 조부인 이자성李自成은 군리郡吏였다. 고려 말 정치적 지배세력을 고려초기부터 권력과 부를 세습해온 귀족층과 과거를 통해 성장한 신흥사대부로 구분한다면, 이색은 바로 후자에 속한다. 특히 이 두 계층은 정치적 입장에서 큰 차이를 보였는데 귀족층은 고려의 지배체제를 유지하려 노력하였다면, 신흥사대부의 일반적 경향은 기존의 지배체제에 문제가 있음을 인정하고 새로운 지배체제를 구성하고자 하였다. 물론 신흥사대부 계층 안에서도 고려의 지배체제를 일정부분 긍정하면서 사회적 문제를 해결해야 한다는 하나의 부류와 기존의 질서를 완전히 부정하고 새로운 질서체계를 수립해야 한다는 다른 하나의 부류로 구분될 수 있다. 이색은 그 정치적 입장에서 분명 신흥사대부계층에서 전자의 입장을 취하였지만 위화도회군이 단행되기 전까지 이 두 흐름은 분명하게 구분되지 않았다.

<그림 11> 서산서원西山書院 창도문倡道門 현판

일반적으로 신흥사대부의 본격적인 정계진출은 고려 원종 때를 전후하여 이루어졌지만, 정치세력화는 공민왕의 개혁정치로부터 시작되었다고 인정된다. 그리고 이색 역시 1351년(공민왕 1) 부친이 사망한 후 귀국하여 본격적인 정치활동을 시작함으로써 공민왕의 개혁정치와 그의 정치적 성장이 밀접하게 관련되어 있음을 짐작할 수 있다. 그러나 이러한 이색의 정치적 성장은 일정부분 그의 현실개혁의지를 약화시키기도 하였는데 공민왕 6년 염철별감鹽鐵別監의 파견 문제나 공민왕 11년 공신이나 사원에 국왕이 하사하는 토지와 관련된 사패賜牌 문제와 관련하여 그가 취한 우유부단한 태도는 그 좋은 예가 된다.

이색에게서는 비슷한 시기에 활동했던 다른 주자학자들과 구별되는 다음과 같은 특징들이 나타난다. 첫째는 그의 주자학에 대한 이해가 어느 정도의 수준에 이르렀는지를 확인할 수 있다는 사실이다. 비슷한 시기에 활동했던 대부분의 주자학자들이 자신의 저술을 남기지 않았거나, 남겼다 하더라도 조선건국에 반대했던 학자들의 저술들 대부분이 후세에 전해지지 않는 데 비해 이색의 저술은 나름대로 온전하게 전해져 내려온다. 물론 그것이 주자학과 관련된 온전한 형태의 저술은 아니지만, 『목은문집』에 실려 있는 다양한 글들을 통해 그의 주자학에 대한 이해 정도와 특징을 충분히 짐작할 수 있다.

특히 이색은 주자학적 우주론을 구성하고 있는 리理와 기氣, 태극太極 등의 기본적인 개념에 대한 분명한 이해를 보여준다. 우주와 그 우주 안에 존재하는 만물들의 생성과 변화를 리와 기의 상호작용을 통해 설명하는 것이 주자학적 우주론이며, 이것은 주돈이로부터 시작하여 장재와 정호·정이 형제를 거쳐 주희에게서 완성된 것이기도 하다. 특히 주자학에서는 태극과 리를 만물의 생성원리로서 이해하였고, 이러한 생성원리는 기의 작용에 의해 형상화됨으로써 우주만물이 생성되었다고 이해한다. 이러한 태극과 리의 초월성과 내재성을 그 내용으로 하는 주자학적 우주론에 대한 이해를 이색은 「적암기寂菴記」, 「가명설可明說」, 「양진재기養眞齋記」 등의 글에서 표현하고 있다.

다른 한편으로 주자학적 우주론은 곧 성리학적 인간관(心性論)과 공부(修養)론의 토대가 된다. 왜냐하면 심성론은 리理의 내재성에 대한 긍정을 통한 인간 심성의 해명이기 때문이다. 또한 이러한 심성론에서 볼 때 인간에게 내재해 있는 리理는 곧 인성人性으로 이것은 공부의 가능근거이며, 그 리의 실현은 공부의 목표이기도 하다. 이색은 주자학의 우주론, 심성론, 공부론의 상호관계를 이미 어느 정도 파악하고 있었으며, 그 공부의 주요내용 역시 거경에 있음을 이해하고 있었다. 이와 같은 그의 심성론과 공부론에 관한 이해는 「한씨사자명자설韓氏四子名字說」, 「백중설증이장원별伯中說贈李狀元別」 등의 글에서 확인할 수 있다.

이와 같이 이색은 주자학적 기본 구도를 이미 이해하고 있었으며, 그 개별적인 개념에 대해서도 나름대로 정확한 이해에 도달해 있었다. 다만 불교에 대해서만은 그 당시 일반적인 성리학자와 다른 모습을 보여주었는데, 이것이 다른 주자학자들과 구별되는 그의 두 번째 특징이다. 여말선초 대부분 성리학자들이 불교에 대해 매우 비판적인 태도를 보여주었다면, 이색은 그들과 달리 '유불동도론儒佛同道論'을 주장한다. 불교가 혼자만을 위하고, 사원이 이익을 위한 소굴이 되었다는 점에서 불교를 비판하기도 하지만 그것이 추구하는 바가 결국은 부모에게 효도하고 군자를 사랑하며 세상을 교화시키는 데 있다는 점에서 유학이 추구하는 것과 다르지 않다는 것이 그 유불동도론의 주요 내용이다.

이러한 이색의 유불동도론은 단순히 그의 주자학적 특징으로 자리잡고 있는 것이 아니라, 사실은 현실적인 이해관계와 정치적 입장의 반영으로 이해할 수 있다. 주지하듯 고려에서 불교는 단순한 종교적 믿음을 넘어서 사회·정치적 이념으로 작용하였다. 그런데 이러한 이념에 대해 긍정적인 태도를 취하였다는 것은 결국 고려의 사회 정치적 질서에 대해 긍정적임을 보여준다. 그리고 이러한 이색의 태도는 결국 역성혁명에 비판적일 수밖에 없었고, 위화도회군을 전후하여 그의 정치적 기반이 무너지는 원인이 되었다고 할 수 있을 것이다.

<그림 12> 서산서원西山書院 원경

이색이 생존하던 시기는 원나라로부터 전래된 주자학이 새로운 이념으로 자리잡아 가면서, 그 당시 고려의 지배적 이념이었던 불교를 대체하기 시작한 사상적 전환기였다. 또한 밖으로는 아시아와 유럽 대륙에 걸쳐 대제국을 건설했던 원나라의 세력이 약화되면서 주원장의 명나라가 새롭게 등장하였고, 안으로는 고려가 망하고 조선이 건국되는 정치적 전환기이기도 하였다. 이러한 시대적 상황 속에서 이색은 비록 주자학을 개혁의 이념으로 삼은 신진사대부의 대열에 합류하였지만 기본적으로는 '유불동도론' 등을 통해 보수적 경향을 강하게 표현하고 있다. 특히 원나라의 과거에 급제하여 관직에 오르기도 하였던 그는 원명元明의 교체를 천운으로 파악하였을 뿐만 아니라, 귀국 후에는 친명親明 정책을 표방하였다. 그런데 고려의 멸망과 조선의 건국이라는 동일한 정권교체의 상황이 국내에서 진행되었을 때, 그가 그러한 변화를 수용하지 못하였다는 점은 그의 성리학적 이념이 지닌 이중성이라고 볼 수도 있을 것이다.

다만 영남의 성리학사 뿐만 아니라, 조선 성리학사에 있어서 그의 위치는 그의 문하에서 배출된 인물들의 면면을 살펴보는 것만으로도 그 의의를 충분히 확인할 수 있다. 즉 정몽주, 길재, 이숭인, 정도전, 권근 등 여말 선초의 변혁을 주도했던 중심인물들이 모두 그의 문하에서 배출되었다는 사실에서 그가 당시 어떠한 위치에 있었고, 그의 영향력이 어디까지 미치고 있는지를 짐작할 수 있다.

참고문헌

도현철, 「목은 이색의 정치사상연구」, 『한국사상사학』, 한국사상사학회, 1990.

정재철, 「목은 이색의 세계인식」, 『한문학논집』 제11집, 근역한문학회, 1993.

4 정몽주鄭夢周

생평生平

정몽주鄭夢周(圃隱, 1337~1392)의 자字는 달가達可이고 호號는 포은圃隱이다. 그는 영일정씨迎日鄭氏의 시조인 용명龍明의 10대 손이며 일성부원군日城府院君 운권云權의 아들로 1337년(충숙왕 복위 6) 지금의 경상북도慶尙北道 영천시永川市 임고면臨皐面 우항리愚巷里에서 태어났다. 그의 연보와 행장에는 출생 이후 유년기와 수학기에 대한 기록은 매우 소략하다. 다만 전하는 일화에 의하면 그의 어머니 이씨李氏 부인이 난초화분을 들고 가다가 떨어뜨리는 꿈을 꾼 후 그를 잉태하였으므로 처음에는 이름을 몽란夢蘭이라 불렀다. 몽란이 9살 때에 어머니가 낮잠을 자다가 꿈에 큰 용 한 마리가 뒤뜰 배나무에 오르고 있는 것을 보고 깜짝 놀라 일어나 보니 몽란이 그 나무 위에서 놀고 있었다고 전한다. 그 뒤 이씨 부인은 몽란의 교육에 특별한 관심을 기울였을 뿐만 아니라, 이 때부터 이름을 몽룡夢龍으로 고쳐 부르게 되었고, 관례冠禮를 치른 뒤에는 다시 이름을 몽주夢周로 바꾸었다.

<그림 13> '효자리孝子里' 비석

정몽주의 효성을 기리기 위해 1389년(공양왕 1)에 세운 비석으로 '효자리孝子里'라고 새겨져 있다.

그는 1357년(공민왕 6) 21세에 어사대부 신군평申君平이 주관한 감시監試에 합격하였는데, 이 시험 이후 그는 일정기간 국자감에서 수학했음을 짐작할 수 있다. 왜냐하면 고려의 감시는 조선의 진사시로 국자감 입학시험에 해당하기 때문이다. 그리고 1360년(공민왕 9)에 그는 정당문학政堂文學으로 있던 김득배金得培(蘭溪, 1312~1362)가 지공거知貢擧로 주관한 과거시험에 급제함으로써 관료의 길을 가게 되었다. 당시 관직의 등용은 주로 과거를 주관하는 지공거와의 사승관계를 통해서 이루어졌으므로, 정몽주는 직간접적으로 상주尙州에서 활동한 김득배에게 수학한 것으로 보인다. 그런데 김득배는 1962년(공민왕 11) 홍건적을 물리쳐 경성을 회복하는 공을 세우지만 김용金鏞의 모함으로 상주에서 효수당하고 말았다. 이 때 정몽주는 자신의 위험을 돌보지 않고 김득배의 장례를 치루며 문생의 도리를 다하였다.

이듬해인 1363년(공민왕 12) 정몽주는 동북면도지휘사東北面都指揮使 한방신韓邦信의 종사관으로 화주和州(永興)에서 여진족女眞族 정벌에 참가하였고, 이듬해 개경으로 돌아와 전보도감판관典寶都監判官이 되었다. 1365년(공민왕 14)에 모친상을 당하여 벼슬에서 물러나 3년 동안 시묘살이를 하였다. 1367년 탈상을 마친 그는 전농시승典農寺丞·예조정랑겸성균박사禮曹正郎兼成均博士·성균사예成均司藝를 지냈고, 1371년 태상소경보문각응교겸성균직강太常少卿寶文閣應敎兼成均直講 등을 거쳐 성균사성成均司成에 올랐으며, 이듬해 홍사범洪師範의 서장관書狀官이 되어 명明나라에 사신으로 다녀오는 길에 태풍을 만나 홍사범은 익사하고 그는 구사일생으로 귀환하였다. 1375년(우왕 1)에는 박상충朴尙衷·김구용金九容 등과 함께 북원北元의 사신을 맞아들이지 말 것을 상소하여 언양彦陽에 유배되었다. 하지만 이듬해 석방된 후, 일본에 사신으로 건너가 큐슈(九州)의 관리에게 왜구를 단속해 줄 것을 요청하였고, 왜구에게 잡혀갔던 윤명尹明, 안우세安遇世 등 고려인 수백 명을 귀국시켰다.

1379년 전공판서典工判書·진현관제학進賢館提學·예의판서禮儀判書·예문관제학·전법판서·판도판서 등의 직책을 역임하였고, 이듬해 조전원수助戰元帥가 되어 이성계李成桂 휘하에서 전라도 운봉의 왜구토벌에 참가하였다. 1383년에는 동북면조전원수로서 함경도에 침입한 왜구를 토벌하였고, 다음해 정당문학政堂文學에 올라 명나라 황제의 탄생일을 축하하는 성절사聖節使가 되어 명나라로 들어가 긴장상태에 있던 명나라와의 국교를 회복하는 데 힘썼다. 1386년 동지공거同知貢擧가 되었고 그 해에 청면세공사請免歲貢使의 임무를 띠고 다시 명나라에 다녀온 뒤 수원군水原君에 책록되었다.

이 때, 명나라와의 관계가 소원해지면서 명나라에서 철영위鐵嶺衛

를 설치하려 하자 최영은 조정대신들의 반대를 무릅쓰고 요동정벌을 단행했다. 그러나 이성계李成桂와 조민수曺敏修는 압록강 중류의 위화도威化島에서 회군하여 정변을 일으킨 후 우왕을 폐위하고 창왕을 즉위시켰다. 전제田制의 개혁과정에서 이성계와 갈등을 일으켰던 조민수가 숙청된 후, 창왕은 김저金佇의 우왕복위음모사건, 그리고 폐위된 우왕과 마찬가지로 고려의 왕족성인 왕씨王氏가 아니라 신씨辛氏의 아들이라는 이유로 즉위 1년여 만에 폐위되었다. 정몽주는 1389년 예문관대제학·문하찬성사가 되어 이성계와 함께 공양왕을 옹립하고, 1390년 벽상삼한삼중대광壁上三韓三重大匡·수문하시중守門下侍中·도평의사사병조상서시판사都評議使司兵曹尙瑞寺判事·경영전영사景靈殿領事·우문관대제학右文館大提學·익양군충의백益陽郡忠義伯이 되었다. 그리고 왕조교체를 꿈꾸는 이성계 일파와 심각한 정치적 대립관계도 이 때에 이르러 비로소 분명하게 드러나기 시작하였다. 정몽주는 이성계의 음모를 저지하기 위해 그 일파들을 탄핵하여 귀양 보내긴 했지만, 결국 1392년(공양왕 4) 이방원 등은 무력으로 그를 살해하게 되었던 것이다.

조선이 건국된 후 1401년(태종 1) 영의정에 추증되었으며, '문충文忠'이란 시호가 내려졌고, 1406년(태종 6)에 해풍군海豊郡에서 용인현龍仁縣으로 그의 무덤을 이장移葬하였다. 1432년(세종 14)『삼강행실도三綱行實圖』「충신전忠臣傳」에 그의 행적이 실렸고, 1517년(중종 12)에는 문묘文廟에 배향되었으며, 개성의 숭양서원崧陽書院 등 11개 서원에 제향되었다. 문집으로는『포은집圃隱集』이 있고,「단심가丹心歌」등의 한시가 전해지고 있다.

<그림 14> 임고서원

조선 1553년(명종 8) 부래산에 창건하였으나 임진왜란 때 소실되어 1603년(선조 36)에 중건되면서 사액서원이 되었다.

주요활동

앞서 살펴보았듯, 정몽주는 훗날 태종에 오른 이방원의 심복인 조영규 등에게 선죽교에서 피살될 때까지 56년의 삶을 살아가는 동안 교육을 비롯한 정치, 외교 등의 분야에서 활발히 활동하며 업적을 남겼다. 하지만 그는 다른 어떤 업적보다도 고려왕조의 마지막 충신으로 기억되고 있으며, 애국충절을 실천한 대표적 인물로 널리 알려져 있다. 그러나 돌이켜보면 그를 이렇듯 충신의 대표적 인물로 널리 표창한 인물이 바로 그를 살해한 태종이라는 사실은 진정 역사의 아이러니라 하지 않을 수 없다.

그가 살해된 후 삼 개월만에 이성계李成桂의 추종자들은 공양왕을 폐위하고 이성계를 왕으로 추대하였다. 이렇게 정권의 교체와 함께 새로운 나라가 건국된 후, 그 건국과정에서 걸림돌로 지목되어 살해되었던 정몽주가 오히려 충신으로 평가되었던 것이다. 특히 1401년 그를 살해한 이방원은 태종太宗으로 즉위한 직후 직접 명을 내려 그를 대광보국숭록대부 영의정부사 수문전대제학大匡輔國崇祿大夫 領議政府事 修文殿大提學 겸兼 예문춘추관사 익양부원군藝文春秋館事 益陽府院君이라는 긴 이름의 관직을 추증하며 '문충文忠'이라는 시호를 내렸다. 뿐만 아니라 민심수습책의 일환으로 정몽주의 직계 후손을 찾아 벼슬을 내리기도 하였다. 그것은 성리학적 이념을 토대로 하여 건국된 조선이 대의명분을 중시하며 섬기던 군왕에게 충절을 다한 정몽주를 역적으로 평가한다면 조선왕조는 자기 모순에 빠져 버리고 말기 때문이다. 그래서 조선왕조는 비록 건국과정에서 정몽주와 그 친족들을 살해하였지만 새로운 나라가 건국된 후에는 다시 그를 충절을 실천한 전형으로 내세우지 않을 수 없었던 것이다.

그렇다면 정몽주와 이성계의 악연은 언제부터 시작되었을까? 사실상 정몽주와 이성계는 본래 정치적 동반자였다. 이 두 사람은 2년 차이 동년배이며, 각기 문관文官과 무관武官으로 자신의 길을 걸어갔던 동료였다. 정몽주는 학문과 외교 등으로, 이성계는 여진족과 왜구의 토벌로 명성을 얻었다. 또한 이성계를 추종하던 정도전·조준趙浚 등은 모두 신진사대부로, 정치적 입장에서 정몽주와 동일한 노선을 걷고 있었기 때문에 서로 갈등하고 충돌하는 일은 없었다.

이렇듯 정몽주는 이성계와 동일한 입장을 취하며, 함께 우왕 때의 전제개혁田制改革, 위화도회군, 우왕과 창왕의 폐위, 그리고 공양왕의 추대 등에 동참하였다. 고려 말의 격동 속에서 이 두 사람은 매우 깊은 유대관계를 맺고 있었던 것이다. 그리고 정몽주는 이성계가 창왕을 폐위하고 공양왕을 세우는 과정에서 이성계를 적극 지지함으로써 공신호칭을 받기도 하였다. 고려사회를 개혁하기 위해서는 불교를 배척하고 새로 도입된 주자학적 이념에 바탕을 둔 새로운 질서체계를 세워야 한다는 것이 정몽주의 기본적인 관점이었다. 이 점에 있어서는 이성계와 그 추종자들도 큰 차이가 없었지만, 다른 점이 있다면 고려사회를 개혁하는 궁극적인 목표가 무너져 가는 고려의 재건에 있지 않았던 것이다. 이렇듯 동일한 성리학적 이념으로 무장하고, 고려 사회의 개혁을 추진하였지만 그들은 궁극적인 목표에서 서로 다른 길을 택하였던 것이다.

정몽주가 이성계 일파와 대립하게 되는 입장과 논리의 차이는 현실인식과 성리학적 이념의 이해차이에서도 확인할 수 있다. 고려말의 격변과정에서 역성易姓혁명을 도모하던 이성계 세력과 고려왕조를 수호하려던 정몽주 사이에 야기되었던 갈등은, 먼저 현실인식에 있어서 차이를 보일 수밖에 없다. 고려사회의 기본적인 체제를 유지하면서 개혁을 실현할 수 있다는 정몽주의 온건적인 입장과 고려사회의 체제로는 근본적이고 전반적인 개혁이 실현될 수 없다는 이성계 일파의 입장은 현실을 바라보는 인식의 차이를 반영한 것이다.

또한 이들의 상이한 입장은 개인의 도덕적 인격을 완성하는 것과 사회적 실천을 통한 이상사회의 실현이라는 성리학이 추구하는 두 가지 이념 중에서 어느 것에 무게중심을 두는가에 따른 실천방식의 차이에서도 그 원인을 찾을 수 있다. 전자의 입장을 강조할 경우 도덕적 명분론과 절의를 중시하는 입장에 설 수밖에 없고, 반면 후자의 입장을 강조할 경우 경세론經世論이 강조될 수밖에 없는 것이다. 이렇듯 그들은 고려사회의 현실을 바라보는 시각에서부터, 그리고 그들이 이념적 토대로 삼고 있던 성리학에 대한 이해에서 이미 분명한 차이를 보여주고 있었던 것이다.

양자간에 유지되고 있던 우호적인 관계는 이성계를 중심으로 역성혁명易姓革命을 도모하려는 의도가 점차 구체화되면서 깨어져 버리고, 정몽주는 고려를 지키기 위해 이들을 견제하기 시작하였다. 정몽주의 이성계와 그 세력에 대한 견제는 공양왕 4년 이성계가 황주黃州에서 낙마하여 중상을 입었을 때가 그 전환기를 이루었다. 그는 이 기회를 이용, 이성계의 심복들을 제거하기 위하여 조준, 정도전, 윤소종尹紹宗 등의 직첩職牒을 거두고 중죄인으로 다스리려 하였다. 하지만 정몽주의 의도를 눈치챈 이방원李芳遠이 정몽주의 계획을 이성계에게 알리고 밤을 세워가며 개성으로 귀가시켰다.

그러던 중 정몽주는 이성계의 문병을 핑계삼아 사태를 살펴 볼 생각으로 홀로 이성계를 찾아갔다. 이 때 이방원은 정몽주의 속마음을 알아보기 위해 술을 대접하며 이렇게 노래하였다.

이런들 어떠하기 저런들 어떠하리
만수산 드렁칡이 얽어진들 어떠하리
우리도 이같이 얽어져 백년까지 누리리라

이것이 바로 인구에 회자하는 '하여가何如歌'로, 이방원이 정몽주를 회유하기 위해 읊은 것이다. 그러나 정몽주는 이방원의 회유를 뿌리치고 그 유명한 '단심가丹心歌'로 화답하였다.

이몸이 죽고 죽어 일 백번 고쳐 죽어
백골이 진토되어 넋이라도 있고 없고
임향한 일편단심이야 가실줄이 있으랴

이 화답을 들은 이방원은 정몽주의 의지를 바꿀 수 없다고 생각하여 그의 심복인 조영규趙英珪를 시켜 선죽교善竹橋에서 정몽주를 살해하였다. 이 때 정몽주의 나이는 56세였다. 정몽주가 살해된 후 1개월 뒤 그의 동생 둘과 9족 이내의 친척들이 모두 살해되었다. 하지만 이러한 일이 일어날 것을 예견하고 있던 정몽주의 5촌 당숙 정광후鄭光厚의 노력으로 정몽주의 두 아들과 정광후 부자는 화를 피할 수 있었다.

정몽주의 시신은 우현매禹玄賣가 황해도 해풍海豊에 장사지냈다가 뒷날 고향인 영천으로 운구하는 도중 경기도 용인의 쇄포촌曬布村에서 명정銘旌이 땅에 떨어지자 하늘의 뜻이라 생각하고 그곳에 다시 장사지냈다. 뒷날 정몽주는 그 학문과 충절을 기리기 위해 성균관에 배향되었고, 그가 사망한 개성에 숭양서원崧陽書院, 그가 묻힌 용인에 충열서원忠烈書院, 그가 태어난 영천군 임고면에 임고서원臨皐書院이 세워졌다. 대원군에 의해 서원 철폐령이 내려지자 정몽주의 출생지에 세워졌던 임고서원을 제외한 숭양과 충열서원이 헐리게 됐지만, 개성의 주민들이 정몽주를 모신 숭양서원을 헐 수 없다며 반대하여 출생지에 세워졌던 임고서원이 대신 훼철되었다.

이렇듯 이방원에 의해 자신의 뜻을 접어야 했던 정몽주는 총명하여 10세 이전에 이미 상당한 문장력을 구사한 것으로 전해졌다. 한번은 그의 외삼촌댁 종이 먼 곳으로 부역 나간 남편에게 편지를 한 장 써달라고 부탁하자, 몽주는 "구름은 모였다가 흩어지나, 아내의 마음은 변하지 않습니다"라고 써주었다. 이를 받아본 종은 몇 글자 되지 않는 내용에 실망하여 좀 더 적어달라고 졸랐다. 몽주는 다시 "봉했다가 열어 한 말씀 더 하니, 이 세상에 그 많은 병이 모두 이런 상사想思이더라"고 적어 주었다고 전한다.

<그림 15> 포은정선생지려圃隱鄭先生之閭

1487년(성종 18) 잃어버렸던 '효자리孝子里' 비석을 경상감사慶尙監司 손순효孫舜孝가 찾아내 다시 세웠으며, 이 때 비각도 함께 세웠다.

또한 19세에 부친상을 당했을 때, 그는 당시 사대부 집안에서도 실행하지 않던 여묘(무덤 옆에 움막을 짓고 무덤을 돌보는 것) 3년 상을 『주자가례朱子家禮』의 가르침에 따라 실천하였다. 부친상을 당한 지 10년 만에 모친상을 당하자, 그는 관직에서 물러나 다시 여묘 3년 상을 지냈다.

이 소식을 전해들은 공민왕은 그의 효행을 기려 정려旌閭를 내리고 그 마을을 효자리孝子里로 부르도록 하였다. 지금도 우항리에는 '포은정선생지려圃隱鄭先生之閭'에 '효자리孝子里'라고 새겨진 비석이 세워져 있다.

철학사상과 영남학맥에 있어서의 위치

정몽주의 철학사상 혹은 그의 성리학에 대한 이해가 어느 정도였는지를 판단할 수 있는 직접적인 자료는 전해지지 않는다. 그는 기본적으로 불교의 폐해를 절감하고, 중국에서 불교를 비판하며 등장한 주자학에 대해 깊이 공감한 것으로 보인다. 따라서 그의 일차적 관심은 주자학에 대한 철학적 이해나 사유의 확장에 있었다기보다는 주자학적 윤리를 지극히 현실적인 요청으로 받아들였을 것으로 짐작된다.

이렇듯 주자학에 대한 그의 이해가 어떠했는지 체계적으로 분명하게 확인하는 것은 불가능하지만, 그의 문집에서 나타나는 단편적인 자료들을 통해 유추해 본다면 대체로 다음과 같은 사실들을 확인할 수 있다. 그는 먼저 그의 스승이기도 한 김득배의 제문에서 "하늘과 인간은 비록 다르지만 그 리理는 하나이다"라고 하여 하늘과 인간을 묶어주는 질적 동일성으로서의 리를 긍정하였다. 이것은 하늘의 천도天道와 인간의 성명性命이 서로 관통되어 있다는 성리학의 일반적인 관점과 일치하는 것이기도 하다. 또한 그는 「동지음冬至吟」이란 시에서 "하늘이 조화를 펼치는데 치우친 기가 없지만, 성인은 오히려 음陰을 억제하네"라고 읊는데, 이러한 그의 사고는 한편으로 기氣에 대한 리理의 우월성을 긍정하고 있는 것으로 해석될 수 있는 가능성을 담고 있다. 그리고 공부론과 관련해서 그는 "한 생각이 병을 일으키면 혈맥이 도중에 막히니, 군자는 이를 두려워하여 하루종일 삼가기를 쉬지 않으며, 힘을 쌓아 지극함에 이르면 하늘이 마주하여 있다"고 하였다. 그에게 있어 공부란 결국 하늘과 인간의 질적동일성을 확인하는 과정이며, 그것은 종일 삼가고 조심하며 도덕적 역량을 쌓아가는 방법을 통해 가능한 것으로 이해할 수 있다. 이와 같은 몇몇 단편적인 글을 통해서 확인되는 그의 주자학에 대한 이해는 이미 기초적인 단계를 넘어 나름대로 온전한 모습이고, 전체적인 형식을 갖추었다고 판단된다.

다른 한편으로 그는 불교의 폐단을 막고 내우외환으로 피폐해진 고려 말 사회를 바로잡기 위해서는 무엇보다 제대로 된 교육이 필요하다고 보았다. 그래서 그는 성균관을 재건하고 송도松都(개성)에는 오부학당, 지방에는 향교를 세워 교육의 진흥에 힘썼다. 이러한 노력에 의해 성균관이 새로 문을 열어 이색이 대사성이 되고 정몽주는 이숭인·김구용金九容·박상충朴尙衷·박선중朴宣中·정도전 등 당대의 석학들과 함께 교관으로 임명되어 새로운 학풍을 진작시키는 데 핵심적인 역할을 담당하였다. 그의 문인들은 길재·권근·변계량·조용 등 사림파와 훈구파를 망라하여 조선 전기 사회를 주도했던 핵심 인물들이었다. 특히 성균관에서 정몽주의 강론은 다른 학자들의 이해와 달라 모두 그 주장이 옳은가를 의심하기도 하였지만, 뒷날 원나라 호병문胡炳文의 『사서통四書通』이 전해지고, 그 내용이 평소 정몽주의 주장과 일치하였기 때문에 그의 관점이 옳음을 알게 되었다는 일화도 전한다.

또한 정몽주는 이색 이후 대표적인 성리학자로서 『주자가례朱子家

禮』에 따라 가묘家廟를 세우고 향사享祀를 지냈을 뿐만 아니라, 불교를 비판한 김초金貂에 대한 처벌이 논의될 때 올린 상소문에서 "불교를 배척하는 것은 유학자가 늘 해왔던 일"(爲斥抵佛氏 儒者之常事)로, 유학자로써 불교를 비판하는 것은 당연하다고 지적하였다. 또한 정몽주가 대사성으로 있을 때 행한 경연계사經筵啓辭는 이색의 유불절충적인 '유불동도론儒佛同道論'과 다른 관점을 보여주기도 한다. 이렇듯 성리학적 윤리규범 실천과 불교비판이라는 두 측면에서, 그는 이전의 성리학자보다 더 적극적이었다. 그리고 이러한 정몽주의 보다 적극적인 성리학적 윤리에 대한 강조와 불교에 대한 비판으로부터 당시의 성리학이 개인적인 실천을 위주로 하는 단순한 수기修己의 학문이 아니라 불교를 대신하는 새로운 시대 이념으로 자리잡아가고 있음을 알 수 있다.

하지만 그에게 있어 주자학은 윤리적 규범의 근거를 되묻고 그것을 이론적으로 체계화한 학적체계로 이해되기보다는 여전히 현실의 개인적인 행위를 통제하거나 조절하기 위해 필요한 윤리적 규범으로 이해되었다. 또한 불교에 대한 비판 역시 불교의 이론적 토대를 합리적으로 논박하지는 못하였다. 따라서 그의 주자학 이해는 당대 최고수준이었음은 분명하지만, 그가 주자학의 이론체계를 완전히 이해하고 소화하여 독자적으로 주자학적 사유를 전개하는 단계에 이르렀다고는 할 수 없을 것이다. 일반적으로 그 당시 주자학에 대한 철학적 이해를 통해 새로운 정치적 이념을 구축할 수 있을 만큼 고려에서의 주자학은 성숙하지 못한 것으로 파악되기 때문이다.

전체적으로 정몽주는 주자학적 윤리의 실천방식을 제시하고 있는 『주자가례朱子家禮』의 시행과 함께, 주자학의 정통성을 확립하기 위한 목적으로 당시 가장 큰 영향력을 행사하고 있던 불교를 비판하며, 척불론斥佛論을 적극적으로 제기하였다. 그리고 정몽주의 『주자가례』 실천운동은 고려 말 주자학의 이념을 새로운 단계로 끌어올리는 중요한 계기를 마련해주었다. 즉 『주자가례』를 기준으로 주자학적 윤리의 실천방식을 제시하고 의례제도를 개혁한 것은 주자학이 단순한 이론적 지식의 의미를 넘어 유교이념의 실천방식으로 자리잡을 수 있는 중요한 계기를 형성하였던 것이다. 조선의 건국과 함께 주자학적 이념이 조선사회에 보편적으로 자리잡을 수 있었던 것도 바로 그가 몸소 실천했던 『주자가례』를 중심으로 한 분명한 실천방식이 제시되어 있었기 때문에 가능한 것이었다.

앞서 살펴보았듯 정몽주는 주자학을 통해 고려가 처하고 있던 현실에 대한 인식을 통해 당시의 시대이념을 정립하여 고려 사회가 나아가야 할 방향을 제시한 것으로 파악할 수 있다. 특히 광범위한 사승관계 속에서 사림파와 훈구파를 통해 각각 조선의 통치원리와 성리학적 이념을 확립하는 기초를 제공하였다. 이것은 그가 목숨으로 지킨 절의정신만을 높이 평가하는 기존의 일반적인 시각에 한정하지 않고 그의 진면목을 확인하고자 할 때 드러나는 그의 또 다른 모습이기도 하다.

또한 그는 생존 당시에 이미 '동방 성리학의 시조'라는 평가를 받았다. 뿐만 아니라 성리학과 관련한 단편적인 언급에서 재구성해 본 그의 리기론과 심성론, 수양론은 전체적인 맥락에서 주자학과 일치하고 있으며, 그 학풍에 있어서 사림파가 지향하는 방향을 제시한 것으로 확인된다. 이렇듯 주자학을 이론적 기초로 한 그의 절의정신은 영남사림의 정신적 토대로 작용하여 조선에서 더욱 분명하게 드러났다고 할 수 있다.

<그림 16> 서세루瑞世樓

영천시내에 있는 이 누각에는 정몽주의 시 「청계석벽淸溪石壁」이 목판木板으로 새겨져 걸려 있다.

참고문헌

박수천, 「정몽주론」, 『한국한시작가연구』 2, 한국한시학회, 1996.

유경아, 「정몽주세력의 고려중흥을 위한 개혁방안」, 『이화사학연구』 제27집, 이화사학연구소, 2000.

이연재, 「정몽주의 사상과 시 세계」, 『한국학논집』, 한양대학교한국학연구소, 1985.

김석근, 「개혁과 혁명 그리고 주자학」, 『한국정치의 재성찰』, 한국정치학회, 1996.

김동욱, 「포은 정몽주의 생애와 문학 세계」, 『어문학연구』, 상명대학교 어문학연구소, 1998.

5 정도전鄭道傳

생평生平

조선을 건국한 역성혁명의 주체이며 경세가經世家인 정도전鄭道傳(三峰, 1342~1398)의 본관은 봉화奉化이고 자字는 종지宗之이며, 호號는 삼봉三峰이다. 형부상서刑部尙書 정운경鄭云敬의 장남으로 고려 충숙왕忠肅王 때 외가인 단양丹陽의 삼봉三峯에서 출생한 것으로 추측된다. 그는 이색李穡의 문인으로 그가 성장한 곳은 현재 영주시내에 있는 '삼판서구택三判書舊宅'이다. 삼판서란 고려말 형도상서刑都尙書를 지낸 정도전의 아버지 정운경과 그의 사위 황유정黃有定, 그리고 이조판서吏曹判書를 지낸 그의 외손자 김담金淡을 가리킨다. 정도전은 영주에서 성장했지만 그의 출생연대는 분명하게 밝혀져 있지 않으며 다만 1342년을 전후해 태어난 것으로 짐작된다. 뿐만 아니라 그는 무덤 역시 전하지 않으며, 경기도 평택에 그의 사당과 함께 가묘假墓인 설단說壇이 있을 뿐이다.

평택에 그의 사당과 가묘가 세워진 것은 그곳이 봉화정씨峯化鄭氏의 세거지世居地였기 때문이다. 주지하듯 정도전은 1398년(태조 7) 8월 왕자의 난이 일어난 후, 그 해 9월 이방원의 손에 죽음을 당하였다. 하지만 조선건국에 반대했던 사람들마저 대부분 일찍이 복권되었지만, 정도전은 468년이 지난 1865년(고종 2) 임진왜란 때 불탄 경복궁景福宮을 중수하면서 당시 대왕대비大王大妃였던 신정왕후 조씨趙氏가 경복궁 창건에 대한 정도전의 공을 추모하여 그의 훈작을 회복하고 '문헌文憲' 이란 시호를 내리면서 비로소 복권되었다. 이렇듯 수 백년이 지난 후에 겨우 복권됨으로써, 잊혀진 그의 무덤은 찾을 수 없었고, 후손들이 사당을 건립했을 뿐이다.

영주에서 성장한 정도전은 1360년(공민왕 9) 20세에 성균시成均試에 합격한 후, 2년 뒤인 1362년 진사, 이듬해 충주사록忠州司錄을 거쳐 전교시주부典敎侍主簿통례문지후通禮門祗候를 지냈다. 1366년(공민왕 15) 26세에 부친상을 당해 사직하였고 그 해에 다시 모친상을 당하여 영주에서 경전을 연구하며 3년 상喪을 마쳤다. 1370년 성균관이 중건되자 성균박사에 임명되어 이색, 정몽주, 이숭인 등과 함께 성리학을 강론하였다.

1375년(우왕 1년) 성균사예成均司藝 등을 역임하였고, 그 뒤 이인임李仁任 등이 주장하는 친원배명親元排明정책에 반대하다가 나주의 회진현會津縣에 유배되기도 하였다. 그리고 이 유배기간 중 그는 『심문천답心問天答』을 지었다. 1377년(우왕 3) 고향 영주榮州로 돌아와 학문연구와 후진교육에 종사하다가, 1382년(우왕 8) 거처를 김포로 옮겼다. 1383년(우왕 9)에는 동북면도지휘사東北面都指揮使 이성계李成桂의 막료가 되어 함흥咸興으로 갔다가, 이듬해 성절사聖節使 정몽주鄭夢周의 서장관

<그림 17> 도담삼봉島潭三峰

단양팔경의 하나로, 남한강 상류 강줄기 한가운데에 있는 3개의 기암으로 이루어진 섬이다. 정도전이 가운데 섬에 정자를 지었으며, 자신의 호를 삼봉이라고 지은 것도 이 도담삼봉에 연유한 것이다. 삼봉은 원래 강원도 정선의 삼봉산이 홍수에 떠내려와 지금의 도담삼봉이 되었으며, 그 이후 단양에서는 정선에 세금을 냈는데 정도전이 어린 시절 "우리가 삼봉을 정선에서 떠내려 오라 부른 것도 아니고, 오히려 물길을 막아 피해를 주고 있다. 쓸데가 없을 뿐만 아니라, 피해를 입히는 봉우리에 세금을 낼 이유가 없으니 필요하면 도로 가져가라"고 말한 뒤부터 세금을 내지 않게 되었다는 전설이 전해진다.

이 되어 명明나라에 다녀왔다. 그리고 1385년(우왕 11) 성균좨주成均祭酒, 이듬해 남양부사南陽府使로 있다가 1388년 이성계의 천거로 성균대사성成均大司成에 승진하였다. 조준趙浚 등과 함께 사전私田의 혁파를 주장하였고, 1389년(창왕 1) 밀직부사密直副使로 승진하였으며, 창왕昌王을 폐위하고 공양왕恭讓王을 옹립하는 데 적극 가담하여 봉화현충의군奉化縣忠義君에 책록되었다.

1390년(공양왕 2) 경연지사經延知事로 성절사 겸 변무사聖節使兼辨誣使가 되어 명나라에 다녀와 동판도평의사사사同判都評議使司事 겸兼

성균대사성成均大司成 삼사부사三司副使 등을 역임하였다. 그 해 조민수曹敏修 등 구세력을 몰아내고 전제개혁田制改革을 단행하여 과전법科田法을 실시함으로써 조선 개국의 정치경제적 토대를 마련하였다. 이듬해 이성계가 군사권을 장악하며 삼군도총제부三軍都摠制府를 설치하자 우군총제사右軍摠制使가 되었고 이어 정당문학政堂文學으로 재직 중, 탄핵을 받아 관직을 삭탈당하고 봉화로 유배되었다. 1392년 한때 풀려났으나 곧 이어 정몽주의 탄핵으로 광주光州로 귀양갔다. 하지만 정몽주가 살해된 뒤 풀려나 조준·남은南誾 등과 함께 이성계를 추대함으로써 조선 건국의 주역이 되었다. 그 공으로 분의좌명개국공신奮義佐命開國功臣 1등에 책훈策勳되고, 문하시랑찬성사門下侍郎贊成事 판상서사사判尙書司事에 임명되었고, 그 해 겨울에는 사은謝恩겸兼 계품사計稟使로 명나라에 다녀왔다.

1395년(태조 4) 『조선경국전朝鮮經國典』을 편찬하여 조선 법제의 기본을 마련하였으며, 1395년(태조 4) 한양천도 때는 궁궐과 종묘, 도성의 위치를 결정하고 궁과 대문의 명칭을 정하였으며, 정총鄭摠 등과 『고려사』 37권을 편찬하였다. 1397년에는 동북면도선무순찰사東北面都宣撫巡察使가 되어 각 고을의 경계선을 정하고 원릉園陵과 성곽을 수리하였다.

1396년 표전문表箋文 문제로 명나라 태조 주원장朱元璋이 정도전을 명나라로 압송하라 명하자, 그는 요동정벌遼東征伐을 계획하고 군량미확보, 진법훈련陣法訓鍊 등을 준비하던 중 1398년(태조 7) 제1차 왕자의 난이 일어났을 때 이방원李芳遠에게 살해되었다. 그는 『조선경국전朝鮮經國典』, 『경제문감經濟文鑑』, 『경제문감별집經濟文鑑別集』 등을 지어 경세론

經世論을 제시했고, 『학자지남도學者指南圖』, 『심문천답心問天答』, 「심기리心氣理」, 『불씨잡변佛氏雜辨』 등을 지어 불교를 비판하면서 주자학을 국가의 기본이념으로 정립하였다. 또한 많은 악사를 지어 「정동방곡靖東方曲」, 「납씨곡納氏曲」, 「신도가新都歌」 등을 남겼다.

주요활동

정도전은 고려 말의 개혁과 조선건국과정에서 핵심적인 역할을 담당하였고, 건국 후에도 주자학을 국가의 기본이념으로 정립하며 조선 500년의 기초를 마련한 인물이다. 고려 말의 개혁과 조선건국과정에서 그의 활약은 전제田制와 군제軍制의 개혁에서 두드러지며, 건국후 주자학을 국가의 기본이념으로 정립하는 과정에서 보인 그의 활약은 주로 불교배척과 관련되어 있다.

1388년 이성계가 위화도에서 회군을 강행한 후, 우왕을 축출하고 최영 등의 친원파를 숙청하며 대사성에 오른 뒤부터 정도전의 개혁활동 역시 본격적으로 시작되었다. 그가 가장 먼저 개혁의 대상으로 삼은 것은 토지제도였다. 본래 고려의 토지제도는 경종·목종·문종 때 개혁을 단행하였지만, 문종 때 공음전시과功蔭田柴科·경정전시과更定田柴科를 실시한 이후 사전私田의 확대와 함께 토지겸병 등 많은 문제점들이 나타나기 시작하였다. 특히 무신정권이 들어선 이후 권문세족들의 농장확대와 사원전寺院田의 팽창으로 국가경제는 파탄에 이르렀고 농민들 역시 생활고에 시달려야만 했다. 이러한 문제를 해결하기 위해 고종 때는 급전도감給田都監, 충선왕 때는 전민추쇄도감田民推刷都

監, 공민왕 때는 전민변정도감田民辨正都監을 설치하여 권문세족들의 토지겸병을 억제하려고 노력하였지만 권문세족들의 이해관계가 복잡하게 얽혀 있어 정책은 모두 실패하였다. 이와 같은 상황에서 전제개혁은 개혁세력의 최우선 과제가 될 수밖에 없었다.

정권을 잡은 이성계, 정도전 등은 전제개혁에 반대하거나 소극적인 조민수曺敏修 · 이색李穡 뿐만 아니라, 자신들이 추대한 창왕昌王마저 축출하고 공양왕을 즉위시킨 뒤, 1390년(공양왕 2) 기존의 토지 관련 공사전적公私田籍을 모두 불태워버리고, 그 이듬해인 1391년 새로운 토지제도인 과전법을 공포하였다. 이와 같은 전제개혁은 반개혁세력인 귀족의 경제적 기반을 무너뜨리는 것이었으며, 동시에 신흥사대부에 의해 새로운 국가를 건설할 수 있는 경제적 토대를 마련하는 중요한 계기가 되었다. 이렇게 시행된 과전법은 모든 토지의 국유國有가 원칙으로, 다만 수조권收租權을 누가 갖느냐에 따라 사전과 공전으로 구분할 뿐이다. 사전은 경기도에 한하여 관직의 고하에 따라 18등급으로 나누어 차등 지급하였고, 양도나 매매 그리고 세습을 할 수 없었다. 공전은 경기도를 제외한 전국의 토지로 수조권이 국가에 소속되어, 수확의 1/10을 세금으로 징수하였다.

다음으로 군사제도의 개혁은 사병제의 폐지가 그 핵심문제였다. 당시 권문 귀족들은 각기 국가의 군적에 올리지 않은 사병을 개인적으로 거느리고 있어서, 국왕 중심의 중앙집권체제 확립에 걸림돌로 작용하였다. 또한 다른 한편으로는 새로운 국가를 건설하기 위해서는 무엇보다 군사력의 집중과 효율적인 관리 역시 필수적이었다. 이러한 이유로 그는 귀족들의 사병을 국가에 귀속시키는 군제개혁에 힘을 쏟지 않을 수 없었던 것이다.

그리하여 1391년(공양왕 3) 마침내 공식적으로나마 사병제를 폐지하고, 삼군도총제부三軍都摠制府를 설치하여, 도총제사는 이성계가 중군총제사는 배극렴裵克廉, 좌군총제사에는 조준趙浚, 우군총제사로 정도전이 임명되었다. 이 때 사병제가 완전히 폐지되지는 못하였지만, 이성계는 이렇게 장악한 군사력을 통해 이듬해 조선을 건국할 수 있었다. 이렇게 본다면 군사제도의 개혁 역시 역성혁명의 확고한 토대를 마련하는 과정이었음을 알 수 있다. 이후 조선에서는 사병제가 실질적으로 폐지되고 국민개병제가 실시되었다.

토지제도와 군사제도의 개편이 조선건국을 위한 현실적 힘을 배양하는 데 궁극적인 목적이 있었다면, 그의 척불론은 새로운 국가의 기본적 이념을 정초하기 위한 노력이었다. 즉 그의 척불론은 삼국시대와 고려를 거치는 천여 년 동안 정신적 이념으로 작용해온 불교를 대신하여 주자학적 이념을 사회에 실현하기 위한 것이기도 하였다. 왜냐하면 그에게 있어 척불론은 곧 숭유론으로 이어지기 때문이다.

척불론을 표방한 그의 대표적인 저술은 「심기리편心氣理篇」과 『불씨잡변佛氏雜辯』이다. 1394년에 쓰여진 「심기리편」은 불교와 노장老莊 및 유가의 중심개념을 각각 '심心'·'기氣'·'리理'로 표현하고, 이 삼자의 이론적 정당성을 평가하고 있다. 즉 불교는 '심心'을 가장 핵심적인 것으로 설정하여, 그것은 신령하여 무궁한 변화에 대응하는 것이지만, '기氣'는 물질적 욕망이고, 선악 역시 허구라고 노장을 비판한다. 반면 노장은 '기氣'가 천진하고 자연스러운 것이라면, '심心'은 타산적이고 근심에 사로잡혀 있는 것이라 규정하며 불교를 비판한다. 하지만 유가의 '리理'

는 '심心'과 '기氣'의 근거로, 이 '리理'가 없으면 '심心'도 욕심에 빠지고 '기氣'도 동물적인 것으로 변질된다고 보았다. 이렇듯 '리理'를 중시하는 유학이 불교와 도가를 종합하고 올바르게 인도하는 힘을 가진 것이며, 불교나 도가에 비해 이론적으로 우월한 것임을 주장하고 있는 것이다.

그의 이러한 척불론은 『불씨잡변』에서 더욱 체계화되어 등장한다. 『불씨잡변』에서는 불교의 기본교리인 윤회설과 인과론 외에도 심성론, 윤리관, 화복설禍福說 등에 대해 주자학적 관점에서 비판하고 있다. 이러한 정도전의 관점은 주자학적 이념이 그 토대를 이루고 있고, 주자학적 가치를 현실세계 속에 실현하려는 의지가 분명하게 드러난다. 하지만 그의 척불론 혹은 불교에 대한 비판은 이렇듯 체계적이었지만, 그것이 논리적으로 정당한 비판은 되지 못하였다. 왜냐하면 그의 비판은 주자학적 이념을 진리로 전제한 상황에서 제기된 객관적이지 못한 비판이기 때문이다.

새로운 국가를 준비하는 정도전의 이와 같은 개혁과정에서 이를 비판하는 권문세족과의 대립은 불가피한 것이었다. 하지만 그는 이러한 권문세족 혹은 자신의 개혁에 비판적인 인물들에 대해 단호하게 대처했다. 이색李穡・조민수曺敏修・권근權近・이숭인李崇仁・정몽주鄭夢周・우현보禹玄寶 등에 대해 그는 개인적인 친소親疎를 가리지 않고 탄핵하기도 하였다. 이들 가운데 이색은 그의 스승이며, 이숭인・권근 등은 그와 절친한 관계였다. 이러한 개인적인 친분을 돌아보지 않고 정치적 입장을 달리한다는 이유로 숙청하거나 탄핵한 모습에서 그가 개혁을 얼마나 절박한 현실로 인식하고 있었는지를 확인할 수 있다. 하지만 그가 불사이군의 절의를 지키지 못하였을 뿐만 아니라, 스승과 절친한 벗들을 탄핵하는 등 주자학의 명분론을 위반한 것으로 인정되어 그는 사후에도 끊임없이 비판의 대상이 되었다.

<그림 18> 삼봉정도전선생숭덕비三峰鄭道傳先生崇德碑

이 밖에도 그는 1393년(태조 2) 한양천도 때에는 수도 한양의 개발과정에 무학대사無學大師와 함께 핵심적인 역할을 담당하였다. 당시 그는 궁궐과 종묘의 위치 및 도성都城의 기본적 형태를 정하였고, 각 궁전 및 궁문의 명칭과 도성 8대문 및 성내 48방의 이름을 지었다. 그 이듬해에는 조선의 헌법憲法이라 할 수 있는 『조선경국전朝鮮經國典』을 저술하여, 국가 형성의 기본을 논술하였으며 관제 등의 제도와 그것의 운영 방침을 제정하여 조선법제의 기본을 완성하였다.

하지만 1392년(태조 1) 태조가 둘째 부인 강씨의 소생인 이방석李芳碩(태조 이성계의 여덟째 아들)을 세자에 책봉하고 정도전을 그 스승으로 삼자 태조의 첫째 부인인 한씨 소생의 형제들은 훗날 태종에 오른 이방원을 중심으로 결집하여 정도전 일파를 제거하기로 모의하고 마침내 '무인정사'라고도 일컬어지는 '제1차 왕자의 난'을 일으켰다. 이때 정도전은 이방석을 도와 왕자들을 제거하려 했다는 혐의를 받고 이방원에게 피살되었다. 이렇듯 왕위계승을 둘러싼 권력투쟁에서 패함으로써 살해된 그에 대한 평가는 부정적일 수밖에 없으며, 그의 다양한 공적 역시 온전히 주목받지 못하였다. 그의 아들 유遊·영泳도 '왕자의 난' 때 아버지와 함께 죽었으며 셋째 아들 진津만이 살아남았다.

철학사상과 영남학맥에 있어서의 위치

전통적으로 성리학자로서의 정도전은 지나치게 과소평가되어 온 것이 사실이다. 그것은 무엇보다 조선초기 사림파 학자들의 정도전에 대한 평가, 특히 조선성리학의 학통에서 정도전을 도외시하는 데서 비롯되었다. 그리고 그가 조선성리학의 학통에서 배제된 것은 조선성리학의 절의정신에 대한 강조가 일조하였다고 볼 수 있을 것이다.

그러나 여말선초의 성리학자들 대부분이 그 저작을 후세에 남기지 못하거나 혹은 남겼다 하더라도 현재까지 전해지지 않는 반면, 정도전은 이방원의 손에 의해 살해당한 후, 고종 때에 와서야 비로소 복권이 되었음에도 불구하고 그의 철학사상을 확인할 수 있는 분명한 저술들이 전해지고 있다. 현재 전해지고 있는 그의 성리학관련 저술에는 「심기리편」, 『심문천답』, 『불씨잡변』이 있다. 그리고 이러한 저술에 국한해서 평가한다면 그는 여말선초의 성리학계를 대표할 수 있는 인물이라고 말할 수 있다.

그의 저서 중 하나인 「심기리편」은 앞서 살펴본 바와 같이 유儒·불佛·도道 사상의 비교를 통해 주자학이 불교나 도교에 비해 우월하다는 사실을 증명하고 역설하는 내용으로 구성되어 있다. 여기에서 '심', '기', '리'는 각각 불교와 도교 그리고 성리학의 사상을 상징하고 있다. 즉 불교는 마음(心)을 중심으로 그것의 맑고 고요함을 추구하며, 도가는 기를 중심으로 양생을 추구하지만, 성리학은 리를 중심으로 마음과 기를 다스리는 것을 추구한다는 것이다. 마음이 영명한 것은 그것이 기이기 때문인데, 그 기의 활동도 결국 리로부터 생겨나는 것이므로, 마음보다는 기가 근원적인 것이고 그 기보다는 리가 더욱 근원적인 것이므로 리를 중심으로 한 성리학이 가장 근원적인 학문이라는 주장이다.

다음으로 『심문천답』은 선악응보의 원리, 즉 마음이 선을 추구해야 하는데도 그렇지 않은 경우와 선행과 악행에 대한 화복禍福이 일치해야 함에도 그렇지 않은 경우가 발생하는 이유에 대해 성리학의 입장에서 설명하고 있는 것이 주 내용이다. 사람의 마음이 선을 행하지 못하는 경우나, 선행과 악행에 대해 그에 상응하는 화복이 따르지 못하는 이유는 물욕을 비롯한 기의 작용 때문이다. 그런데 이러한 기는 늘 변화하는 것이므로 그러한 기적 변화는 일시적일 뿐 영원한 것이 될 수 없다. 그러므로 그 영원의 시각에서 본다면 불변하는 리가 지켜지는 것이며, 선행과 악행에 대해서도 화복이 일치하게 된다는 것이다.

마지막으로 『불씨잡변』은 불교사상에 대해 주제별, 즉 윤회사상이나 인과설 등 15개 항목과 전대의 사실에 대한 네 가지 항목에 대해 반박한 내용으로 구성되어져 있다. 그러나 그의 불교비판은 방법론적 오류를 함축하고 있는데 그것은 바로 자신의 입장인 성리학은 온전한 진리라는 신념을 전제하고 불교는 이러한 성리학과 다르거나 일치하지 않기 때문에 비진리이며 부당하다고 비판하는 것이 그것이다.

이러한 정도전의 저술들을 살펴보면 그의 성리학적 특징이 분명하게 드러난다. 즉 그의 성리학적 체계는 배불의 시각에서 구성되었으며, 또 그것을 목표로 하고 있다는 점이다. 다시 말해서 「심기리편」이나 『심문천답』 그리고 『불씨잡변』은 비록 정도의 차이가 있지만 모두 배불의 특징을 표현하고 있는 것이다. 따라서 그의 성리학적 특징은 바로 성리학을 통해 불교를 배척하는 데 있었으며, 그가 이렇듯 불교를 배척한 이유는 바로 불교가 윤리를 무너뜨리고 국가를 해롭게 한다고 보았기 때문이다. 이것은 그가 처하고 있던 고려말 그 시대를 바라보았던 그의 현실인식이기도 하였다. 또한 불교가 고려 귀족문화의 토대였다면 그의 배불론은 그러한 고려문화의 해체를 의미하는 동시에 성리학이 새로운 조선의 토대임을 선언하는 것이기도 하다.

조선왕조 창건에 대한 이념의 정당화와 함께 건국 후에도 『조선경국전』, 『경제문감』, 『불씨잡변』 등을 저술하여 조선왕조의 이념적·제도적 기초를 다진 정도전은 이방원 일파와의 권력투쟁에서 패한 후 사실상 오랫동안 잊혀졌던 정치가이고 사상가였다. 하지만 그가 고려말과 조선초기를 주도한 사상가이며 유학자이자 탁월한 정치가였다는 사실은 분명하며, 조선의 발전 방향에 결정적인 영향을 끼쳤다는 사실은 부정될 수 없다.

그는 성리학을 자신의 정치이념으로 삼았던 것은 성리학이 자신의 현실적 이해를 가장 잘 대변하고 있었기 때문이었다. 비록 그가 새로운 차원의 성리학을 체계화하지는 못하였지만, 성리학을 통해 조선의 미래를 보여주었다는 점은 결코 과소평가될 수 없는 것이다. 다만 그가 조선성리학의 학통에서 배제되었던 것은 고려에 대한 변절, 즉 역성혁명의 주체였다는 사실이 되겠지만 그 외에도 스승이었던 이색이나 당시 주요한 성리학자였으며 절친한 벗이었던 이숭인·권근 등과 정치적으로 반목하고 다른 길을 걸었다는 것이 그에 대한 부정적인 평가에 영향을 끼쳤을 것이다. 하지만 현대에 이르러 조선성리학의 주요 특징 중 하나인 절의정신이라는 측면이 아닌 성리학의 또 다른 하나의 특징이라고 할 수 있는 경세학의 측면에서 정도전은 충분히 재평가될 수 있을 것이다.

▌참고문헌

윤사순, 「삼봉집의 종합적 검토: 정도전 성리학의 특성과 그 평가문제」, 『진단학보』, 진단학회, 1980.

강문식, 「정도전과 권근의 생애와 사상 비교」, 한국학보, 일지사, 2004.

김대용, 「정도전의 정치이념과 배불론」, 『호서문화연구』, 충북대학교중원문화연구소, 1992.

김석근, 「개혁과 혁명 그리고 주자학」, 『한국정치의 재성찰』, 한국정치학회, 1996.

6 하륜河崙

생평生平

하륜河崙(浩亭, 1347～1416)의 자字는 대림大臨이고, 호號는 호정浩亭이며, 시호諡號는 문충文忠이다. 본관이 진주인 그는 1347년 12월 진주 남성리에서 태어났다. 『호정집浩亭集』의 기록에 따르면 진주 하씨는 고려 현종 때에 상서좌사랑중尙書左司郞中을 지낸 하공진河拱辰이 시조이며 고려 중기 이후 중앙정계에 진출한 권문세가였다.

하륜의 어린 시절 이야기는 별로 전하는 것이 없으나, 14세에 성균관시험에 합격하였고, 19세에 문과에 급제하였다. 그가 문과에 급제할 때 시험을 주관한 좌주座主는 당대의 유학자였던 이색李穡과 이인복李仁復이었다. 당시 과거를 주관한 좌주는 단순한 시험관 이상의 의미를 가지는 것이어서 학문과 정치적 입장을 같이하는 사제관계와 같은 것이었다. 하륜은 이때부터 30여 년 동안 이색을 따르게 되었으며, 이때 뒷날 조선 건국의 기둥이 된 정도전鄭道傳, 권근權近 등과 교류할 수 있었다. 특히 여섯 살 연하인 권근과는 막역한 사이여서 후일 권근이 사망하자 통곡하며 제문을 지은 것으로 전해진다. 또한 이인복은 첫 눈에 약관의 하륜이 큰 인물이 될 것을 알아보고 아우인 이인미李仁美의 딸과 혼인하도록 하였다.

<그림 19> 오방재梧坊齋

하륜의 묘 아래에 있는 재실이며, 그 옆에는 하륜의 아버지를 기리는 진양부원군신도비가 세워져 있다.

하륜은 1365년(공민왕 14) 문과에 급제한 후 감찰규정監察糾正, 고공좌랑考功佐郞을 거쳐 밀직사첨서사密直司簽書事에 올랐지만, 1388년(우왕 14) 최영崔瑩의 요동공격을 반대하다가 양주楊州로 귀양가기도 하였다. 조선 개국 후 1393년(태조 2)에는 경기도 관찰사가 되어 한양漢陽 천도를 주장하여 그것을 관철시켰고, 이듬해 중추원첨서사中樞院簽書事에 전보되었을 때, 중국 명나라 태조가 표전문表箋文이 불손하다고 트

집잡자, 1396년 한성부윤으로 계품사計稟使가 되어 명나라에 들어가 표전문 작성의 전말을 해명하였다.

1398년 충청도 관찰사로 제1차 왕자의 난 때 이방원李芳遠을 도와 공을 세우고 정당문학政堂文學에 승진하면서 정사공신定社功臣 1등에 책록되어 진산군晉山君에 봉해졌다. 1400년(정종 2) 제2차 왕자의 난에도 이방원을 도왔으며, 그 해 명나라 태조의 국상에 진위겸진향사陳慰兼進香使로 명나라로 들어가 정종의 왕위승습王位承襲을 승인받고 귀국한 후, 문하부참찬사에 오르고 다시 의흥삼군부판사義興三軍府判事를 거쳐 우정승으로 진산백晉山伯에 봉해졌다.

그 해 태종의 즉위로 좌명공신佐命功臣에 책록되었고, 이듬해 관직에서 물러났다가 좌정승左政丞에 복직되어 승추부판사를 겸하였다. 그 해 명나라 영락제永樂帝의 등극사登極使로 가서 조선왕조의 완전인준을 표하는 고명인장誥命印章을 받아왔으며, 이첨李詹과 함께 『동국사략東國史略』을 편수하였다. 1409년 의정부영사가 되어 군정軍政을 개정한 후, 이어서 춘추관영사로 『태조실록太祖實錄』 편찬을 지휘하고, 1412년 다시 좌의정을 거쳐, 1416년(태종 16) 70세에 모든 벼슬에서 물러났다. 진산부원군에 진봉되어 왕명으로 함길도咸吉道에 있는 선왕先王의 능침陵寢을 순심巡審하고 돌아오는 길에 사망하였다. 문집에 『호정집』이 있다. 하륜의 학통을 이은 제자 변계량卞季良, 윤회尹淮 등은 세종 때에 모두 문형이 되어 집현전을 재건하고, 중국에서 『성리대전性理大典』, 『대전사서오경大典四書五經』 등 정통성리학 연구서를 들여와 연구시킴으로써 성리학이 본궤도에 오르게 되었다.

주요활동

하륜은 당대 제일의 정치가이며 외교관으로, 경제와 지리에 밝았고, 역사, 문장에서 뛰어난 업적을 남겼으며, 정도전과 함께 오늘의 서울이 있게 한 인물이다. 『경제육전經濟六典』을 짓고 태조太祖 실록을 편찬했으며 고려 국사를 개찬했고 다섯 번 정승을 지냈으며 문형文衡(대제학大提學의 다른 이름)을 맡기도 하였다. 그를 한마디로 평가할 수는 없겠지만 주자학적 이념을 토대로 하여 조선의 제도문물을 정비한 경세유학자經世儒學者인 것은 부정할 수 없다.

고려 말 하륜이 중앙정계에서 점차 그 활동 영역을 넓혀가던 당시 중국에서는 원元나라가 쇠퇴하고 명明나라가 건국되던 시기였고 고려에서는 기존의 강대국인 원나라와의 관계를 유지해야 한다는 친원파와 떠오르는 세력인 명나라와의 관계를 새롭게 만들어 가야 한다는 친명파로 분열되어 있었다. 훈구대신들은 주로 원나라와 우호적인 관계를 유지할 것을 주장하였고 신진사대부들은 새롭게 떠오르는 명나라와 우호적인 관계를 맺어야 한다고 주장했다. 이러한 정치적 역학관계 속에서 밀직사동지密直司同知로 있던 하륜은 최영의 요동공격을 반대하며 비판하다 강원도 양주楊洲(현재의 양양)로 귀양을 가기도 했다. 그 뒤 복직되어 성균대사성成均大司成, 좌부대언우대언左副代言右代言 등을 거쳐 46세에 전라도 관찰사로 있을 때 고려가 멸망하고 조선이 건국되었다.

조선이 건국되는 과정에서 그는 직접적으로 어떤 역할을 담당했던 것으로 보이지는 않는다. 다만 조선이 건국된 후 그는 태조와 태종에게 발탁되어 중앙정계에서 본격적인 활동을 시작하게 되었다. 흔히 조선창업의 기둥으로 정도전鄭道傳, 조준趙浚, 권근權近, 하륜河崙을 들지만, 하륜의 경우는 건국과정보다는 건국 이후 왕권의 확립과정에서 더 큰 역할을 담당했다. 특히 1392년 정도전鄭道傳, 남은南誾 등이 이성계를 국왕에 추대하면서 혁명이 이루어진 후, 정도전은 개국 1등 공신이 되면서 권력을 독점하고 뒷날 태종이 된 이방원의 이복동생인 이방석李芳碩이 정도전의 지지에 의해 세자로 책봉되면서 이방원과 하륜은 더욱 밀접한 관계를 가질 수 있었다. 그 뒤 하륜은 이방석이 적통이 아니라는 명분과 정도전이 태조 이성계의 첫째 부인인 한씨 소생의 왕자들을 제거하려 한다는 누명을 씌워 정도전일파를 제거하였다. 이와 같은 '1차 왕자의 난'을 거치면서 권력은 이방원에게 집중되었지만, 이방의와 이방간 등 형제들은 여전히 많은 사병을 거느리고 있어서 이방원에게 위협을 주고 있었다. 그래서 이방원은 정도전이 추진했던 사병제의 폐지를 계속 추진하였고, 이것에 불만을 품은 이방간은 박포와 함께 난을 일으켰지만 이방원에 의해 진압되었는데 이것이 바로 '2차 왕자의 난'이다. 이러한 1・2차 왕자의 난을 거치면서 하륜은 이방원을 태종으로 옹립할 수 있었다.

조선이 건국된 후 그에게 주어진 첫 번째 과제는 국가의 정통성을 분명하게 확인하며, 새 수도인 한양을 건설하고, 주자학적 이념을 실현할 수 있는 새로운 제도를 확립하는 일이었다. 그는 왕조 초기의 혼란을 수습하고 조선건국의 당위성을 밝히며, 국가의 정통성을 확립하기 위해 먼저 역사정리 작업을 주도하였다. 이 과정에서 그는 유관柳觀, 정이오鄭以吾, 변계량卞季良 등과 함께 『태조실록』을 편찬하고, 권근權近, 이첨李詹 등과 『동국사략東國史略』을 지었으며 『고려국사』의 개찬 작업에 참여하였다.

<그림 20> 하륜의 묘

조선초기 묘의 형태로 봉분 주변을 돌로 싸고 있다. 위로부터 조부, 조모, 부친, 모친 순으로 되어 있다.

『고려국사高麗國史』는 이미 정도전鄭道傳, 정총鄭摠, 윤소尹紹 등이 편찬한 37권이 있었지만, 이들이 편찬 과정에서 공민왕 이후 조선건국 세력들과 관련된 부분을 미화하는 등 공정성을 잃었다고 판단하여 개찬하게 되었던 것이다. 하지만 그 이면에는 정도전 일파에 대한 태종과 하륜의 감정도 어느 정도 개입된 것이 사실이다. 이외에 『동국략운東國略韻』, 『신수동국사략新修東國史略』을 지어 국가와 왕실의 정통성을 확립하는 데 기여했다. 또한 하륜은 태종 12년 단군 사당을 지어 단군을 제사하도록 요청하기도 하였는데, 이것 역시 왕실의 정통성을 합리화하려는 의도였다고 할 수 있을 것이다.

다음으로 그는 무학대사의 계룡산 천도론을 물리치고 한양을 수도로 정하는 데 있어서 결정적인 역할을 하였을 뿐만 아니라, 주자학적 이념을 실현할 수 있는 새로운 제도를 마련하는 데 힘썼다. 당시 경기도 관찰사였던 하륜이 태조에게 한양으로의 천도를 역설해 계룡산 천도를 중지시켰던 것으로 전해진다.

또한 그는 정종 2년에 문하시랑의 직을 맡으면서 고려의 잔재를 제거하는 첫 작업으로 중앙관제를 개편하기 시작하였다. 먼저 그는 도평의사사都評議使司를 의정부로 개편하고 3군부를 확립하였다. 도평의사사란 일종의 최고행정기관으로, 왕권이 미약했던 고려 말에는 국왕이라도 이것의 동의가 없을 경우 하급관리조차 제대로 임명할 수 없었다. 도평의사사는 조선 건국 후에도 계속 유지되었기 때문에 태조 역시 정도전 등 개국공신을 중심으로 운영되는 도평의사사의 결의를 재가할 뿐이었다. 따라서 도평의사사를 의정부로 개편하는 것은 곧 왕권의 강화를 의미하는 것이기도 하였다. 뿐만 아니라 그는 사병화된 군대를 모두 3군부로 흡수 개편하고 의정부와 3군부의 관직을 겸직하지 못하도록 함으로써 왕권이 확립되는 계기를 마련하였다. 그는 또 좌우복야左右僕射를 좌우사로 고치고 예문관藝文館 대학사를 새로 설치했다. 그는 또 지방 관제 역시 개편하여 고려 시대의 명칭인 동북면東北面과 서북면西北面이 이때 영길도永吉道와 평안도로 개칭되고 완산完山이 전주全州로, 계림鷄林이 경주慶州로 그 이름이 바뀌었다.

하륜은 또 태종 2년에 신문고申聞鼓 제도를 시행하기도 하였다. 이것은 억울한 일을 당한 백성이 지방수령이나 관찰사·사헌부司憲府에 호소해도 해결되지 않을 때 대궐 밖에 설치된 북을 두드려 의금부義禁府 당직청을 통해 곧바로 국왕에게 항고할 수 있는 제도이다. 하륜이 이무李茂 등의 비판에도 불구하고 실행에 옮긴 신문고제도는 형식적인 면도 없지 않지만 조선시대의 대표적인 민의 상달기구이기도 하였다. 이 밖에 하륜은 또 저화楮貨(지폐)를 발행하여 통용시키고 부세賦稅를 경감하기 위한 여러 조치를 취하였다. 그리고 그는 『경제육전』을 편찬하여 법질서를 바로잡았고, 이것을 다시 현실에 맞게 수정하여 『원육전元六典』, 『속대전續大典』을 인쇄 반포하기도 하였다.

이렇듯 주자학적 이념을 실현하기 위해 노력하는 그에게 있어서 불교는 하나의 이념적 적으로 상정될 수밖에 없었음을 긍정할 수 있다면 그의 억불숭유정책이 어떤 토대로부터 제기되었는지를 이해할 수 있다. 그는 억불의 방법으로 먼저 사찰의 경제기반을 무너뜨렸다. 당시 사찰은 막대한 토지와 노비를 소유하고 있었고 각 지역에서 큰 영향력을 행사하고 있었다. 하륜은 태종이 즉위하자 각 주군에 한두 곳의 사찰만을 남기고 모두 없애버린 후, 사찰이 소유하고 있던 토지와 노비를 모두 국가에 귀속시켰다. 또한 태종 9년에는 남아있던 사찰마저도 소유하고 있던 토지 가운데 절반을 다시 국가에 환수함으로써 불교는 경제적 기반을 상실하였고, 그 후 불교세력은 쇠퇴의 길을 걸어갈 수밖에 없었다.

이렇듯 하륜은 오랜 관직생활 동안 주자학적 이념의 전파를 위해 노력하였지만, 그의 삶이 청렴강직한 성리학자의 모습을 보여준 것으로 판단되지는 않는다. 『태종실록』에는 여러 차례에 걸쳐 하륜을 탄핵하고 비난하는 기록이 전해지고 있기 때문이다. 물론 이것은 그의 정치적 성취를 시기해서 나온 비난일 수도 있지만, 그 삶의 태도나 방식에서 그의 정치적 성취만큼 성리학자로서의 모습이 성공적이지 못했음을 반증한다고 볼 수 있을 것이다. 비리로 지적되는 대표적인 사례

들을 살펴보면 친족의 비리에 대해 지나치게 관대한 태도를 취한 점, 토지 혹은 노비의 획득과 관련된 비리, 그리고 뇌물이나 인사청탁과 관련된 비리 등이 있다. 태종 즉위 이후 여러 차례에 걸쳐 관직으로부터 물러난 것도 사실은 모두 이러한 탄핵과 관련된 것이지만, 여전히 권력의 중심에서 개혁을 진행할 수 있었던 것은 태종의 전폭적인 신임과 지지가 있었기 때문이었다.

철학사상과 영남학맥에 있어서의 위치

하륜의 주자학에 대한 이해를 살펴볼 수 있는 자료는 『호정집』이며, 그 중에서 「심설心說」, 「성설性說」, 「명자설名子說」이 대표적인 글들이다. 비슷한 시기 활동했던 정도전이나 권근 등은 각각 「심기리편」·『불씨잡변』·『심문천답』과 『입학도설入學圖說』 등의 독립적인 주자학 관련 저술을 남겼지만, 하륜은 성리학과 관련하여 독립적인 저술을 남기지는 않았다. 더욱이 현재 전해지고 있는 『호정집』 역시 하륜 자신이 직접 편집하거나 최소한 필사본이라도 남긴 것이 아니라, 후손들이 다른 학자들의 문집 등에서 하륜의 글을 모아 편집한 것이다. 따라서 『호정집』만으로 그의 주자학적 특징을 온전히 살펴보고 규정하기에는 충분하지 않을 수 있다. 그렇다 하더라도 현재 전해지고 있는 자료는 『호정집』에 한정되어 있어서, 그의 주자학 역시 이 책에 한정해서 살펴볼 수밖에 없는 것이다.

한정된 자료이지만 『호정집』에 나타나는 하륜 주자학의 특징은 다음과 같은 몇 가지로 요약할 수 있다. 먼저 하륜은 주자학의 기본적인 이론체계와 개념들에 대해 분명한 이해를 가지고 있었다는 점이다. 많지 않은 자료들이지만, 「심설」·「성설」 등과 같은 글에서는 인심에 내재해 있는 천리가 바로 성이며, 그 성은 다름 아닌 인의예지를 실천할 수 있는 근거로서의 도덕성이라고 주장한다. 이렇듯 인간에게 도덕의 가능근거인 도덕성이 내재해 있기 때문에 인간에게 있어서 도덕행위란 가능한 것일 뿐만 아니라 필연적인 것이 되는 것이다. 하륜의 이러한 관점은 주자학의 리기론과 심성론에 대해 이미 일정 수준 이해하고 있음을 보여준다.

둘째로 하륜의 성리학에 대한 이해는 '심성론'을 중심으로 하고 있다는 점이다. 이것은 한편으로 실천에 대한 강조로 이해될 수 있으며, 또한 조선성리학의 일반적 경향과도 일치하는 것이다. 주지하듯 주자학의 이론적 출발점은 리기론에 있다. 그리고 이러한 리기론적 토대 위에 심성론과 공부론을 결합시킴으로써 정합적인 이론체계를 구성해 낼 수 있었지만, 실천적인 측면이 약화되는 결과를 초래하기도 하였다. 물론 고려말기에 수입된 주자학 자체가 주자 당시의 순수한 모습을 유지하고 있었던 것이 아니라, 원나라를 거치면서 좀더 실천적인 측면이 강조되는 형태로 변형된 것이어서 이것을 직간접적으로 계승하고 있는 하륜이나 조선의 성리학이 심성론과 실천적인 측면에 더욱 관심을 보인 것은 자연스러운 것일 수도 있을 것이다.

이 밖에 하륜은 역학에도 밝아 태조로부터 태종에 이르기까지 한양의 궁궐 건설과 능陵의 조성에 직접 참여하기도 하였다. 고려말기에 수입된 주자학이 여러 학자들에 의해 연구되고 있었지만 주자학 관련 서적으로는 『사서집주四書集註』를 비롯한 몇몇 입문서

만이 보급되어 있는 상황에서 그의 주자학에 대한 이해는 충분한 의미를 갖는다고 볼 수 있다.

조선 초기 유학의 큰 흐름은 정도전, 권근, 하륜, 변계량을 중심으로 한 관학과 정몽주, 길재吉再, 김숙자, 김종직으로 이어지는 사학으로 크게 구분할 수 있다. 이 두 흐름은 각각 훈구파와 사림파를 형성하였고, 관학파는 중앙정계에서 영향력을 행사한 반면, 사림파는 중앙정계로부터 배제되어 지방 사학의 전통을 열었다. 이렇듯 관학파와 사림파는 그 지향점에 있어서 뚜렷하게 구별되지만, 성종成宗 즉위 후 사림파가 중앙정계에 진출하여 활동할 수 있었던 것은 이들 관학파에 의해 주자학의 이념적 토대가 닦여져 있었기 때문이다. 특히 하륜은 조선 초기의 사회적 격변기에 국가통치이념의 확립과 통치조직의 정비라는 중요한 일을 담당하였고, 그가 비록 의도하지는 않았지만 결과적으로는 훗날 사림파가 활동할 토대를 닦았다고 볼 수 있을 것이다.

<그림 21> 진산부원군묘晉山府院君廟 현판

하륜의 위패가 봉안되어 있다

고려 말 하륜은 그 정치적인 입장에서 고려왕조를 지지하는 측면이 강하였고, 그 때문에 조선건국 후 태조 때까지는 중앙정계에서 주도적 역할을 담당하지 못하였다. 그가 정치적으로 주도적인 위치에 서게 된 것은 정도전과 이방원의 대립, 그리고 두 차례 왕자의 난을 거치면서 훗날 왕위를 계승한 이방원의 전폭적인 지지를 받은 후였다. 태조 때에 정도전이 담당하던 역할을 태종 때에는 하륜이 담당하였던 것이다. 주자학적 이념을 토대로 하고 있다는 점에서 정도전과 하륜은 큰 차이가 없지만, 그 이념의 실현방법에 있어서 정도전이 재상 중심의 정치체제를 지향하였다면, 하륜은 주자학적 이념으로 덕을 수양한 군주 중심의 정치체제를 지향하였다.

정도전이 주장한 재상 중심의 정치는 '의정부서사제署事制'라고도 하는데, 이것은 정치적 자질을 확신할 수 없는 왕보다는 경험 많고 노련하며 덕망 있는 재상에 의해서 정치가 이루어져야 한다는 관점이다. 반면 하륜이나 이방원이 추구하던 정치형태는 세조 때에 시행된 '육조직계제六曹直啓制'의 형태로, 국가의 대소사를 육조를 통해 왕이 직접 보고 받은 후 일을 처리하는 방식이다. '의정부서사제'는 왕의 자질과 관계없이 안정적인 정치를 할 수 있는 반면 과감한 개혁이나 변혁은 기대하기 어렵다. 이와 반대로 '육조직계제'는 개혁적이며 과감한 정책들을 통해 사회적인 변혁을 기대할 수 있지만, 상당부분 왕 개인의 능력이나 자질에 의존해야 하는 문제점이 있다. 이와 같이 하륜은 정도전과 달리 '육조직계제'를 주장하면서 그 폐단을 줄이기 위해 주자학적 이념을 토대로 한 국왕 개인의 도덕적 수양을 강조하는 현실적인 정치사상가였다고 할 수 있을 것이다.

▮ 참고문헌

김경록, 「하륜의 생애와 학문」, 『공사논문집』 제53집, 공군사관학교, 2003.

조규익, 「하륜 악장 연구: 주제의식과 수용양상을 중심으로」, 『동방학지』, 연세대학교국학연구원, 1989.

이상두, 「성리학의 통치이념화 과정에 관한 고찰」, 『동북아연구』, 경남대학교극동문제연구소, 2002.

7 이숭인李崇仁

생평生平

여말선초의 변혁기에 절의를 지킨 세 학자를 흔히 '삼은三隱'이라 부른다. 과거에는 목은牧隱 이색李穡, 포은圃隱 정몽주鄭夢周, 야은冶隱 길재吉再를 '삼은'이라고 하였지만 최근에는 길재 대신 이숭인李崇仁(陶隱, 1349~1392)을 포함시키기도 한다. 이렇듯 학자에 따라 삼은에 포함되는 이숭인李崇仁은 1349년 경상도 성산부星山府 용산리龍山里(현재의 경북 성주군 성주읍 용산리)에서 태어났다. 그의 자字는 몽가蒙哥이고 호는 도은陶隱이다. 성주이씨星州李氏 가문은 본래 신라 경순왕 때의 이순유李純由에서 비롯되었지만, 이숭인의 가문에서는 그의 고조부인 이장경李長庚을 중시조로 삼고 있다. 이장경은 고려 고종 때의 인물로 백년百年・천년千年・만년萬年・억년億年・조년兆年이라는 아들 5형제를 두었고, 이들 5형제가 모두 과거에 급제하자 그는 경산부원군京山府院君에 봉해졌다. 또한 천년의 아들인 손자 승경承慶이 원나라에 들어가 벼슬하면서 공을 세우자 원나라 황제가 그를 서도공西都公에 봉하기도 하였다. 이숭인은 이순유李純由의 16대 손으로 그의 고조부까지는 성주 용산리에 세거하면서 지방관을 세습하여 오다가 증조부 대에 이르러 과거에 급제하여 중앙정계로 진출한 전형적인 신진사대부 가문이었다. 특히 이숭인은 다음과 같은 시조 「다정가」를 남긴 이조년李兆年의 맏형 이백년李百年의 증손이기도 하다.

이화梨花에 월백月白하고 은한銀漢이 삼경三更인제
일지춘심一枝春心을 자규子規야 알냐마난
다정多情도 병인 양하여 잠 못 드러 하노라.

이숭인의 성장기에 대해서는 알려진 것이 없다. 하지만 그는 14세에 감시監試에 합격하였고 16세에 과거에 급제하여 21세에 성균관학관에 임명된 것으로 보아 천재적인 재능을 가졌던 것으로 보인다. 이렇듯 일찍이 관료생활을 시작했지만 그의 관료생활은 파란만장했고 46세의 젊은 나이에 정도전의 사주에 의해 피살되었다.

29세 때인 1375년(우왕 1) 공민왕이 살해되고 우왕이 등극하자 이인임李仁任 등 친원파가 득세하여, 고려의 외교노선은 친명親明에서 친원親元으로 기울어지게 되었다. 이 때 이숭인은 김구용金九容, 정도전鄭道傳, 권근權近 등과 함께 원元의 사신을 되돌려 보낼 것을 주장하다가 경산부京山府에 유배되었다. 31세인 1377년(우왕 3) 유배에서 풀려나 성균사성成均司成이 되고, 우사의대부右司議大夫로 옮겼다. 이듬해에 밀직제학이 되었고, 1382년(우왕 8)에는 상호군으로 과거를 주관하여 이승상 등 99인을 선발하기도 하였다.

1386년(우왕 12) 하정사賀正使로 명明나라에 다녀온 후 단순히 이인임李仁任의 인척이란 죄목으로 통주通州로 귀양갔으나 이내 방면되기도 하였다. 3년 뒤 재차 명明나라 사신으로 다녀와서 벼슬이 예문관제학에 오른 그는 박천상朴天祥·하륜河崙 등과 더불어 영흥군永興君 환環의 유배 및 일본표류 사건의 진실여부를 조사하다가 무고를 받아 극형을 받게 됐다. 다행히 이숭인의 학문과 인격을 높이 평가하던 이성계李成桂와 이림李琳 등의 주선으로 결백함이 인정되어 서연관이 되었으나 계속된 사헌부의 탄핵으로 고향인 성주星州로 유배당할 수밖에 없었다. 죄인의 몸으로 향리를 찾은 그는 성주군 수륜修倫면 신파新坡동에 청휘당晴暉堂을 짓고 후학들을 가르쳤다.

<그림 22> 도은이숭인신도비陶隱李崇仁神道碑

이듬해(1390년) 윤이尹彝·이초李初가 이성계파의 세력을 견제하기 위해 명나라로 도망가 "공양왕과 이성계가 군사를 일으켜 명을 치려고 준비중이며 이를 반대한 이색李穡 등 중신이 살해되고 우현보禹玄寶 등은 유배당했다"고 거짓보고를 했다. 이 사실을 명나라에 가있던 사신 조반趙胖이 귀국하여 보고하자 고려 조정에서는 옥사사건이 터졌다. 이때 고려왕조에 충절을 바치는 이색 등 대부분 중신들과 함께 도은陶隱은 청주淸州의 옥에 갇혔다.

홍수 덕분으로 다시 풀려난 그는 46세인 1392년(공양왕 3) 지밀직사사知密直司事와 동지춘추관사同知春秋館事에 올랐으나 정몽주가 살해된 후 같은 도당으로 지목되어 삭직되고 영남으로 유배되었고, 그 유배지에서 그는 정도전鄭道傳이 보낸 손흥종孫興宗·황거정黃居正에 의해 살해되었다.

<그림 23> 청휘당晴暉堂 현판

청휘당은 경상북도 수륜면 신파동에 있으며, 이숭인의 영정을 모시고 묘재를 지내고 있다.

이숭인은 당시 최고의 문장가로 그의 스승인 이색과 어깨를 겨뤘으며 학문은 정몽주와 쌍벽을 이뤘던 인물이다. 한때는 재才·학學·식識의 삼장재三長才를 갖춰야 될 수 있다는 사관이 되어 정몽주와 더불어 실록편찬사업에 참여하기도 했다. 이러한 그도 고려왕조에 대한 충절을 고수하다가 정몽주가 선죽교에서 살해된 후 곧 유배를 당했고, 평소 가장 친밀하게 지내던 정도전鄭道傳의 사주에 의해 피살되었던 것이다. 조선조가 건국된 후, 1405년(태종 6) 이조판서에 추증되며, 문충文忠이라는 시호가 내려졌으며 태종의 명으로 문집이 간행되었다. 1656년(효종 7) 충현사忠賢祠에 배향되는 것을 시작으로 연봉서원延鳳書院과 안산서원安山書院에 배향되었다.

주요활동

16세에 과거에 급제하여 21세에 성균관학관에 임명된 사실에서 알 수 있듯, 이숭인의 탁월한 재능이 많은 적을 만든 듯하다. 약관의 나이에 시작된 그의 관료생활은 늘 위태로웠고, 수 차례 유배길에 올라야 했으며, 결국 유배지에서 짧은 생을 마쳐야만 했다. 그는 때에 따라 고려말 정계를 양분하고 있던 친명親明과 친원親元파 양쪽의 모함을 받으며 여러 옥사獄事를 겪었던 것이다.

그의 주요활동 중에서 무엇보다 먼저 시작된 것은 성균박사로서 이색, 정몽주 등과 학문을 강론한 것이었다. 이 때 그는 정몽주 · 정도전 등과 교류하며, 훗날 태종으로 즉위하는 이방원 · 길재 · 변계량 등을 길러냈다. 그 뒤 그는 스승인 이색이 병든 이후 고려의 외교문서를 전담하게 되었다. 그의 글 솜씨와 관련하여 이색李穡은 "도은陶隱의 문장은 중국에서 구하더라도 그리 흔치 않아 해동海東에 글을 읽는 선비가 있은 이래 그와 겨룰 만한 사람이 없다"고 극찬하였던 것으로 전한다.

당시 친명親明 정책을 적극 추진했던 공민왕이 살해되고 우왕이 등극하자 고려의 외교노선은 친원親元으로 바뀌었다. 고려와 명나라의 외교관계는 멀어질 수밖에 없었고, 이러한 상황에서 명明나라의 사신이 살해되는 사건이 발생하여 양국 사이에는 외교적 마찰이 발생하지 않을 수 없었다. 1383년(우왕 7) 이숭인은 왕명에 의해 명明나라의 태조에게 보내는 사과의 외교문서를 작성하였다. 이 글을 읽은 명나라 태조가 감탄하며 "고려에도 사람이 있었구나"라고 말하며 시

<그림 24> 운산정사雲山精舍

'안산영당' 내에 있는 서원건물로, 1680년(숙종 6) 안산서원으로 사액되었지만 홍선대원군의 서원철폐령으로 훼철되어 안산영당으로 이름을 바꾸었다.

해된 공민왕에게 시호를 내리고, 우왕의 왕위 계승을 인정하였으며, 명나라에 바치는 공물貢物의 양을 대폭 삭감하여 주었다고 전한다.

1386년(우왕 12)에 이숭인이 정조사正朝使로 명나라에 가자, 태조는 그에게 그 나라의 관복을 주어 고관들과 한 자리에 입조하도록 하는 등 깊은 관심을 보였다. 뿐만 아니라 태조는 관冠 위에 백옥을 얹어 '문창성文昌星'임을 표시하고 관복 1벌 · 벼루 1개 · 금지팡이 1개를 선물로 주었다. 금지팡이는 망실되어 현재 전하지 않지만, 벼루는 지금도 전해지고 있다. 그리고 명 태조로부터 관복을 받은 것이 계기가 되어 이숭인은 귀국한 후 정몽주 등과 함께 원나라의 관복을 대체하여 명나라의 관복을 입을 것을 주장하였다.

철학사상과 영남학맥에 있어서의 위치

려말선초에 활동한 대부분의 성리학자와 마찬가지로 이숭인의 철학사상을 확인할 수 있는 구체적인 문헌들은 전하지 않는다. 다만 당시의 인물들이 남겨둔 언행들 속에서 그의 학문이 어떠했는지 간접적으로 그려질 뿐이다. 정도전은 이숭인의 학문에 대해 "그는 목은 선생의 강론을 들으면서 묵묵히 깨닫고 마음으로 통달하여 번거롭게 다시 묻지 않았다. 심지어 그가 홀로 터득한 것들도 남들의 생각을 뛰어넘는 것이었다. 온갖 서적을 넓고 깊게 읽어서 한 번 보기만 하면 문득 기억하였다"(『삼봉집』)라고 말하였다. 권근 역시 이숭인에 대해 "도은 선생은 고려말에 태어났으며, 타고난 자질이 빼어났다. 학문은 정밀하고 해박하였으며, 정주학에 근본을 둔 것이었다"(『양촌집』)고 평가하였다.

<그림 25> 안산영당安山影堂 현판

1680년(숙종 6) 숙종이 '안산서원'이란 이름을 내려 주었고, 공를 세운 성주 이씨 조상 22인의 영정을 모셨다. 그러나 임진왜란 등으로 소실되어 현재는 13분의 영정을 모시고 있다. 1868년(고종 6) 흥선대원군의 서원철폐령을 피하기 위해 이름을 '안산영당'으로 이름을 고쳤다.

정도전이나 권근의 이와 같은 평가가 전해지고 있지만, 현재 남아있는 그의 글 어느 곳에서도 성리학적 특성을 찾기란 쉽지 않다. 다만 그가 사서四書를 중심으로 한 유가 경전에 밝았고 『주역』에도 해박한 지식을 가지고 있었다는 점 등을 확인할 수 있을 뿐이다.

그는 20대 초반에 성균관교수가 되어 정몽주 등과 함께 강의하며 고려사회에 성리학을 토착화시키는 데 노력하였으며, 훗날 태종太宗이 된 이방원과 길재吉再, 변계량卞季良 등의 걸출한 제자들을 길러냈다. 그의 제자들은 정치변혁에 따라 한 쪽은 사학의 흐름을 주도하고 다른 쪽은 관학을 관장하여 조선조 초기 학맥을 형성하였다. 천재적인 재능을 타고났으나 그 재능을 온전히 발휘하지도 못한 짧은 삶을 살다 간 그이지만, 절의정신을 바탕으로 영남사림의 정신을 온전히 실천하였던 것이다.

▌참고문헌

김동욱, 「도은이숭인의 생애와 문학세계」, 『어문학연구』, 상명대학교 어문학연구소, 1998.

김성기, 「이숭인론」, 『한국한시작가연구』, 한국한시학회, 1996.

강지언, 「이숭인의 정치활동에 대한 일고찰」, 『전주사학』, 전주대학교역사문화연구소, 1996.

8 길재吉再

생평生平

고려 말기 이색李穡, 정몽주鄭夢周와 함께 삼은三隱의 한 사람인 길재吉再(冶隱, 1353～1419)는 본관本貫이 해평海平이며, 1453년(공양왕 2) 경상도慶尙道 선주善州 봉계리鳳溪里(현재의 경상북도 구미시 고아읍 봉한리鳳漢里)에서 중정대부中正大夫 원진元進과 어머니 김씨金氏 사이에서 장남으로 태어났다. 길재의 호號는 야은冶隱(또는 금오산金烏山)이고 자字는 재보再父이다.

길재는 집안이 가난하여 8, 9세 때부터 나무하고 소치는 일을 하다가 10세에 냉산冷山 도리사桃李寺에 들어가 주경야독하며 근 10년을 학문에 힘썼다. 16세를 전후하여 자연에 묻혀 책읽기에 힘쓰고 싶다는 뜻을 「술지述志」라는 시로 표현하기도 하였다. 그러나 길재가 본격적으로 학문탐구에 나선 것은 1370년(공민왕 19) 18세에 상산商山(현재의 상주尙州)의 박분朴賁을 스승으로 모시고 『논어』와 『맹자』를 중심으로 한 성리학설性理學說을 배우면서부터 시작되었다. 그리고 1374년(공민왕 23) 22세에 생원시에 합격하여 박분을 따라 개성으로 올라가 당대의 유학자며 정치가였던 이색李穡, 정몽주鄭夢周, 권근權近 등에게서 학문을 닦았다. 권근과는 겨우 한 살 차이였지만 권근은 권문세족의 집안에서 자라 15세에 성균관에 합격하는 등 일찍부터 이름을 날리고 있었다. 이후 길재는 권근을 스승으로 대하였고 권근 역시 길재의 지조를 높이 여겨 선생이라 부르기까지 하였다. 그 후 그의 학문은 일취월장하여 동료들 사이에서 뛰어났으므로 권근은 "나의 문하에 출입하면서 학문하는 자가 여럿 있지만 그 중에서 길재가 가장 뛰어나다"고 칭찬하기도 하였다. 하지만 길재의 절의와 학풍은 권근과 달랐다. 또한 길재는 정몽주에게서도 가르침을 받았으므로 후대 사람들은 그의 학통을 정몽주와 연결시킨다. 이 무렵 쓰러져 가는 고려高麗를 학문을 통해 바로 세우고자 노력하였던 길재는 훗날 고려를 무너뜨린 이방원李芳遠 등과 가까운 벗으로 지내며, 태학太學에서 동문수학하기도 하였다.

<그림 26> 길재 상像

평소 효성이 지극했던 길재는 31세 때인 1383년(우왕 9) 아버지의 임지인 금주錦州(현재의 錦山)에서 그곳 중랑장中郎將으로 있던 신면申勉의 딸과 혼인하게 되었고, 그 이듬해 부친이 갑자기 사망하자, 모든

상례를 『주자가례朱子家禮』에 따라 처리하였다. 또한 그 당시 보기 드물었던 3년 간의 시묘살이 역시 실천했다. 또 40세 때에는 모친인 김씨가 병들자 손수 노모의 이부자리를 손보기도 하였다. 처자들이 말렸으나 "내 어머님이 늙으셨다. 훗날 어머님을 위해 이렇게 하고 싶어도 할 수 없을 것이다"라고 말하면서 처자에게 맡기지 않았다.

길재는 높은 벼슬을 하지 않았다. 31세에 사마감시司馬監試에 급제하여 벼슬에 오르지만, 그가 한평생 맡은 벼슬이라야 35세 때에 성균학정成均學正, 36세 때의 순유박사諄誘博士와 성균박사成均博士, 37세 때 문하주서門下注書가 전부이다. 문하주서는 겨우 7품品 벼슬에 불과한 것으로, 길재가 맡았던 관직이 대부분 교수직이었다. 이것으로부터 우리들은 그가 정치가가 아니라, 실천을 중시한 성리학자임을 알 수 있다.

1388년은 고려의 운명이 바뀐 해였다. 요동遼東정벌의 명령을 받은 이성계李成桂가 위화도威化島에서 군대를 돌려 우왕을 축출하고 최영崔瑩을 살해함으로써 정권을 잡았다. 성균관의 교관이었던 길재는 고려의 운명이 다했음을 안타까워하면서 백이伯夷·숙제叔齊와 같이 이성二姓을 섬기지 않겠다는 뜻을 굳혔다. 이 무렵 지은 시에서 길재에 대한 당시의 심경을 엿볼 수 있다.

용수 동쪽머리 낮은 성곽 기울었고
미나리밭 언덕엔 수양버들 늘어졌네
몸은 비록 남보다 특이한 것 없지만
백이숙제 그와 같이 절개를 지키리

1390년(공양왕 2) 38세에 창왕이 폐위되고 공양왕이 즉위하자 관직에서 물러난 길재는 고향인 선산에 은거한 후, 가난한 생활 속에서 학문을 닦고 제자를 교육하였다. 1400년(정종 2) 그의 나이 48세 때에 태상박사太常博士로 천거되었지만 사직소를 올리고 부임하지 않았다. 1419년(세종 1) 67세를 일기로 세상을 떠난 후, 1426년(세종 8) 좌사간대부左司諫大夫에 추증되었다. 1741년(영조 17) 충절忠節이란 시호가 내려졌으며, 금오서원金烏書院, 오산서원吳山書院, 성곡서원星谷書院 등에 배향되었다. 그의 저서로는 『야은집』, 『야은속집冶隱續集』이 있고, 언행록인 『야은언행습유록冶隱言行拾遺錄』이 전한다.

<그림 27> 길재의 묘

경상북도 구미시 오태동에 위치하며 1982년에 확장 정비하였다.

주요활동

길재의 주요활동에서 간과할 수 없는 것이 있다면 그것은 바로 절의정신의 실천이다. 이것은 사림파의 형성에 그가 크게 기여했음을 의미하는 것이기도 하다. 그런데 일반적으로 주자학뿐만 아니라, 유학은 전체적으로 입세간적入世間的인 특성을 가진 것으로 이해된다. 그런데 이러한 유학의 현실주의는 자칫 현실만을 중시하는 저속한 가치로 전락하기 쉽다. 그러므로 유학은 그 이상을 추구함에 있어서 한편으로는 치인治人을 통한 평천하平天下를 지향하지만 다른 한편으로 그러한 지향이 일정한 궤도를 벗어나지 않도록 조절하고 통제하는 또 다른 하나의 측면을 가진다.

<그림 28> 금오서원金烏書院 현판

길재吉再의 학문과 충절을 기리기 위하여 1570년(선조 3) 금오산 밑에 건립한 서원으로, 길재 외에 김종직金宗直 · 정붕鄭鵬 · 박영朴英 · 장현광張顯光 등을 추가로 배향하였다.

이러한 유교의 두 가지 측면이 바로 유학의 강령이라고 할 수 있는 외왕外王과 내성內聖이다. 외왕이 사회적 실천을 가리킨다면, 내성은 그 외왕의 실천적 토대로서 개인적 인격의 완성을 의미한다. 양자의 관계가 분명 시간적 선후인 것은 아니지만, 논리적으로는 분명 개인적

인격의 완성을 통해 사회적 실천을 성취하는 것이 유학의 기본적 지향이다. 여말선초 급진적 개혁을 부르짖으며 역성혁명을 통해 개혁을 완성하고자 한 인물들은 이러한 내성적 토대를 제대로 마련하거나 추구하지 않은 상태에서 사회적 실천을 지나치게 강조한 것으로 이해할 수 있다. 그리고 바로 이러한 측면에서 길재의 절의정신은 내성의 토대를 확고하게 구축하는 중요한 출발점 혹은 방법으로 이해할 수 있을 것이다. 그리고 길재의 이러한 관점은 도덕적 인격의 수양과 완성을 강조하는 사림파의 정신과 맞닿아 있는 것이다.

또한 길재는 당시 고려 사회를 멸망으로 이끈 것은 타락하고 부패한 불가와 무속巫俗 때문이라고 보고 당시 도입된 주자학에서 새로운 사회질서와 윤리관을 찾았다. 길재에게 있어서 이 새로운 윤리관은 바로 군君·사師·부父에 대한 예가 바로 하나임을 밝히는 것이었다. 길재가 군사부일체라는 윤리 질서를 실천하는 데 얼마나 열심이었던가를 다음과 같은 사실에서도 잘 드러나고 있다. 즉 길재가 39세 때 우왕이 살해되자 3년 동안 방상方喪을 실천하였고, 또 65세 때에는 스승 박분이 사망하자 3년 간 심상心喪을 치렀다. 그리고 권근과 이색이 사망하였을 때도 똑같이 하여 예를 다하였다. 길재에게 있어서 군·사·부는 그대로 하나였기에 그와 같은 실천은 자연스러운 것이었다.

이 밖에 길재의 어린 시절 일화는 전해오는 것이 많지 않지만, 감수성이 예민했던 것으로 짐작된다. 8세 때 아버지가 보성대판寶城大判이 되어 부임하자 어머니 김씨 역시 길재를 외가에 맡기고 부친과 함께 떠났다. 어머니와 이별한 길재가 하루는 동네 밖 시내에서 놀다

가재 한 마리를 잡게되었다. 길재는 가재가 바둥거리는 모양이 마치 어미를 찾는 것만 같아 가재를 놓아주며 노래를 지어 불렀는데 그것이 바로 다음과 같은 「석별가石鱉歌」이다.

가재야 가재야 너도 어미를 잃었느냐
나 역시 어머니를 잃었단다 나는 너를 삶아 먹을 줄 알지만
네가 어미를 잃은 것이 나와 같으니 그대로 너를 놓아 보내준다.

한편 길재의 절의를 기려 세운 '지주중류비砥柱中流碑'가 구미시 오태동 낙동강변에 서 있다. 원래 이 비석은 임진왜란 직전 인동仁同현감으로 재직하고 있던 류운룡柳雲龍이 세웠고 정조正祖 때 승지였던 임희우任希雨가 중건한 것이다. 이 비석의 전면에는 '지주중류砥柱中流'라는 네 글자가 새겨져 있는데 '지주砥柱'란 중국의 하남성河南省 황하黃河 중류에 서있는 기둥 모양의 돌산을 가리키며, '지주중류'란 '세찬 물살 속의 지주'라는 뜻이다. 이 산은 위가 평평해 숫돌 같으며 황하의 거친 격류 속에서도 우뚝 솟아 쓰러지지 않고 서 있으므로 난세에 의연히 절개를 지키는 선비에 비유되었다. 그래서 중국에서는 굳게 절의를 지킨 백이·숙제의 무덤인 이제묘夷齊廟 앞에 '지주중류砥柱中流'라는 네 글자를 새긴 비碑를 세웠다. 이 비석의 탁본을 이황의 제자인 정구鄭逑(寒岡, 1543~1620)로부터 입수한 류운룡이 이 네 글자를 비석의 앞면에 새기고 그 뒷면에 동생인 류성룡이 '지주중류'의 뜻과 후손들에게 주는 교훈의 글을 새겨 놓은 것이다.

철학사상과 영남학맥에 있어서의 위치

길재의 주자학에 대한 이해가 어떠했는지를 살펴볼 수 있는 저작은 현재 전해지지 않는다. 그러나 김숙자와 같은 문인들을 길러냄으로써 뒤에 사림파 형성에 초석을 놓았다는 점에서 그의 학문 역시 당대를 대표할 만한 경지에 있었음을 알 수 있다. 특히 길재는 주자학을 일상적 삶의 행위규범에 적용함으로써 윤리학과 심성론 중심의 조선성리학적 특징이 뿌리내릴 수 있는 기반을 마련했다는 점이다.

<그림 29> 지주중류비砥柱中流碑

일반적으로 사림파에서는 『소학』의 실천규범에 대한 강조가 그 중요한 특징으로 나타난다. 도덕적 인격의 형성에 있어서 가장 중요한 것은 학문적 지식의 습득보다 더욱 근원적으로 도덕의 실천이라고 인식하였던 것이다. 그렇기 때문에 사림파에서는 도덕을 실천하는 방법으로 『소학』의 실천규범을 강조하였으며, 김숙자, 김종직, 김굉필로 이어지는 『소학』 교육에 대한 관심을 확인할 수 있다. 그리고 이러한 사림파의 『소학』, 즉 실천규범에 대한 관심은 길재의 절의정신과 주자학

<그림 30> 채미정採薇亭

'채미採薇'는 고비를 캔다는 뜻으로 중국 주周나라의 곡식 먹는 것을 거부하고 수양산에 은거하여 고비를 캐먹으며 절의을 지켰던 백이·숙제의 고사에서 유래한다. 길재吉再의 충절과 학덕을 기리기 위하여 1768년(영조 44)에 건립하였다.

적 이념의 순수성을 지키고 그 실천을 강조하는 태도에서 이미 드러나고 있는 것이다.

일반적으로 길재를 동방의 이제夷齊라 칭하기도 하는데, 그것은 길재의 절의정신이 중국의 백이·숙제와 닮았기 때문이다. 이러한 그의 절의정신은 선산인근에 다음과 같은 가사를 남기기도 하였다.

산아 산아 금오산아 야은선생 어데갔노
수양이라 하는 산에 백이숙제 찾아갔다

길재는 비록 주자학과 관련하여 이론적으로 체계화된 저술을 남기지 않았지만, 김숙자金叔滋·김종직金宗直 부자를 거쳐 김굉필金宏弼·정여창鄭汝昌으로 이어지는 영남 사림의 전개가 그로부터 시작되었다는 점을 기억한다면 그가 영남사림에서 어떤 위치에 있는지 분명해진다. 금오산에 은거한 반평생동안 그는 주자학적 윤리를 몸으로 실천함으로써 후세 유학자의 모범이 되었고, 절의정신에 뿌리를 둔 선비정신을 그 제자들에게 계승시킴으로써 영남사림의 정신적 바탕을 마련하였다. 그리고 이 흐름을 계승하여 이황李滉과 조식曺植으로 대표되는 영남학파嶺南學派가 등장였으니, 전체적으로 영남사림의 전통은 길재로부터 시작되었다고도 볼 수 있을 것이다.

참고문헌

박성봉, 「야은길재의 생애와 전통 삼은론」, 『한국사상사학』, 한국사상사학회, 1993.

김충렬, 「길재의 명교자임한 숙세사상」, 『한국사상사학』, 한국사상사학회, 1993.

이장희, 「여말 선초 선비군과 길재의 위상」, 『한국사상사학』, 한국사상사학회, 1993.

9 변계량卞季良

생평生平

변계량卞季良(春亭, 1369~1430)은 호號가 춘정春亭이고 본관은 밀양이다. 그는 1369년(공민왕 18) 3월 경남 밀양密陽 구령리龜齡里에서 태어났다. 고려 성종 때에 문과에 급제하고 문하시중을 역임한 변정실卞庭實이 밀양 변씨의 시조이지만, 그의 조부 변원卞元 이전에는 뚜렷하게 중앙정계에서 활동한 인물이 없었고, 고려 말에 이르러서야 비로소 중앙정계로 진출하였다. 그의 부친인 변옥란卞玉蘭은 고려 말 호조, 병조, 이조판서를 지냈고 태조가 즉위하면서 원종공신이 되었으며 이듬해에는 검교판중추원사에 올랐다.

변계량은 1382년(우왕 8) 14세에 진사시에 급제하였고 이듬해에 생원시, 그리고 2년 후인 1385년(우왕 11)에 문과에 급제하였는데, 그 때 과거를 주관한 지공거는 정몽주였다. 그 당시 지공거와 과거 급제자의 관계는 단순히 선발자와 선발되는 자의 관계가 아니라, 문생 즉 스승과 제자의 관계였다. 이러한 의미에서 변계량의 스승은 정몽주였다고 할 수 있지만 그는 정몽주 외에도 이색, 이숭인, 권근 등의 문하에서 성리학 연구에 힘쓴 것으로 전한다. 이렇듯 그는 19세의 어린 나이로 중앙정계에 진출했지만, 23세에 조선이 개국되자 신병을 이유로 벼슬에서 물러났다. 아버지 변옥란과 형 변중량卞仲良은 조선왕조 건국에 공을 세우며 출사했던 인물인 반면 그가 이렇게 조선 건국 후 벼슬에서 물러난 것은 고려 왕조를 위해 순절한 정몽주와의 관계가 원인이 되었을 것이다.

그러한 그도 부친의 상을 마친 1397년(태조 6) 29세에 다시 관직에 복귀하지만 이듬해에 이른바 제1차 왕자의 난이 일어나 그의 형인 변중량이 정도전 일파로 몰려 참살 당하였고 그 역시 한직으로 좌천되었다. 하지만 태종이 즉위한 1401년(태종 1) 그는 중앙정계에 다시 복귀하여 성균학정지제교成均學正知製敎를 거쳐 사재소감司宰少監이 되었고, 1407년(태종 7) 39세에 태종이 친히 주관한 문과 중시에서 을과 장원을 차지하였는데 이 때의 과거를 주관한 독권관은 하륜과 권근이었다. 이 때부터 하륜과 변계량은 돈독한 사제의 관계를 맺게 되었다. 정몽주와의 사제관계를 청산하고 하륜과 새로운 사제관계를 맺었다는 것은 그의 출처의식에 중대한 변화가 일어났음을 의미한다. 그리고 태종의 즉위와 함께 그가 중앙정계로 복귀할 수 있었던 것은 태종의 변계량에 대한 믿음, 즉 태종과 변계량이 진사시 동문이었던 점이 중요하게 작용한 듯하다.

1411년(태종 11)에 동지경연同知經筵이 되어 태종의 경연에 참가하고 1413년(태종 13)부터는 세자(뒷날 세종)의 교육을 맡기도 하는 등, 변계량은 태종과 세종 양대에 걸쳐서 20여 년 동안 문형을 맡아 주자학적 이념을 실현하는 최고 책임자로 활동하였다. 세종 시대에는 집현전의 설치를 주장하고 초대 집현전 대제학이 되기도 하였다. 이렇듯 그는 주자학의 연구와 보급을 책임지는 직위에 있었지만 불교를 포함한 이단을 적극적으로 인정하기도 하였다. 점술에도 능하였으며, 80여 편의 불교 관련 시를 남기기도 하였고, 여러 차례 불교의식의 거행을 건의하기도 하였다. 또한 그는 여러 차례 아내를 내치거나 부인이 있으면서 다시 부인을 맞아들임으로써 탄핵을 당하기도 하는 등 당대에도 이미 이중적인 평가를 받았던 인물이었다.

<그림 31> 진양부원군신도비

하륜의 아버지 순흥부사 하윤린을 기리는 진양부원군신도비로, 하륜의 제자인 변계량이 글을 지었다.

또한 그는 명문장으로서 뛰어난 면모를 보여 주었는데, 당시 외교문서는 그의 손을 거치지 않으면 왕의 결재가 나지 않았을 정도였다. 한 번은 중국에서 상서로운 동물로 알려진 흰 꿩을 얻게 되자 조정에서 축하하는 표表를 지어 보내게 됐는데 문구를 둘러싸고 변계량과 대신들간에 논쟁이 벌어졌다. 논쟁의 내용은 "이 흰 꿩(茲白雉)"의 '이(茲)를 띄우느냐 붙여쓰느냐는 것이었고 세종과 대신들은 붙여 쓰는 것이 옳다고 주장했다. 변계량은 "농사는 남자 종에게 묻고 길쌈은 여자 종에게 물어야 합니다. 문장은 제게 맡기는 것이 옳습니다"고 주장, 자신의 학문과 문장력에 대한 자신감을 표현하기도 하였다. 이 밖에 그는 『태조실록』의 편찬과 『고려사』 개수改修에 참여하였다. 1430년(세종 12)에 사망한 후, '문숙文肅'이라는 시호가 내려졌고, 『청구영언』에 시조 2수가 전하며, 문집인 『춘정집』이 있다. 거창居昌 병암서원屛巖書院에 배향되었다.

주요활동

태종과 세종 양대에 걸쳐서 20여 년 동안 문형을 맡았던 그의 주요활동 역시 교육과 관련되어 있다. 그는 유학교육의 중심지였던 성균관과 향교를 확충하여 관학의 기틀을 튼튼히 하였다. 뿐만 아니라 성리학을 국가적 차원에서 연구하기 위해 그는 유명무실하던 집현전 재건사업을 주도하였다. 그리고 중국에서 간행된 『성리대전性理大典』 등 본격적인 성리학 이론서를 들여와 집현전의 소장학사들에게 연구하도록 하였다. 집현전은 이 시기에 비약적으로 발전하여 최고 수준의 왕립 주자학연구소로 발돋움하게 되었다. 이 밖에 그는 태종에게 건의했지만 미처 시행되지 못한 사가독서賜暇讀書 제도를 세종에게 다시 건의하여 마침내 그 시행을 보았다. 사가독서란 집현전 학사들에게 휴가를 주어 이들이 고향이나 산사에 머물면서 학문을 연구할 수 있도록 한 제도로 그 경비는 모두 국가에서 부담하였다. 또한 문교의 최고 책임자였던 그는 빈약한 주자학 관련 서적을 널리 보급하는 방편으로 당시 활발하게 개량되고 있던 주자鑄字에 관심을 갖고 이를 후원하기도 하였다.

그는 또 지춘추관사知春秋館事로 있으면서 태종 13년에는 『태조실록』 편찬에 참여했고 세종 8년에는 『정종실록』·『태종실록』을 편찬하면서 역사 편찬사업을 주도했다. 이미 망해버린 고려의 역사를 기록하고 서술하는 것은 별다른 문제가 없었지만, 왕이 사망한 후 곧바로 그 왕이 생존했을 때의 역사인 실록을 편찬하는 것은 쉽지 않았다. 즉 당대에 일어난 일을 당대에 실록으로 편찬하면 실록에 기록되는 사건과 직접적으로 관련된 사람들의 복잡한 이해관계로 인해 문제가 발생할 수 있다는 주장 또한 전혀 근거가 없는 것은 아니었기 때문이다. 그러나 사료들이 산실되고 기억마저 희미해져 버린 수 백년 뒤에 역사를 서술하는 것 또한 문제가 없는 것은 아니었다. 그래서 그는 반대를 무릅쓰고 당대에 『태조실록』 편찬을 적극 추진하였다. 또한 그는 세종 즉위 초에 정종과 태종이 사망하자 실록편찬을 건의하였는데, 뒷날 국왕이 사망하면 바로 실록을 편찬하는 전통이 이 때부터 세워질 수 있었다.

그리고 그는 『고려사』를 개수하던 중 고려사에 기록된 왕실용어 중에서 중국의 천자만이 사용할 수 있는 칙勅, 태자太子, 제制, 천하天下와 같은 용어를 사용한 것은 명분에 어긋나는 것이므로 격을 낮춰야 한다는 주장을 펴기도 하였다. 하지만 제후국에서 지낼 수 없는 제천의식을 지낼 수 있다고 주장하며, 그 이유로 우리나라의 시조는 단군인데 하늘에서 내려온 것이지 중국의 천자가 지역을 나누어 제후로 봉한 것이 아니기 때문이라 주장하기도 하였다.

당대 제일의 명문장으로서 이름을 날린 변계량은 이 무렵 화산별곡華山別曲과 같은 경기체가景幾體歌 형식의 악장을 지어 국문학 발전에도 크게 기여했고, 『국조보감國朝寶鑑』 편찬에 참여하였으며 「정부상규설政府相規說」을 지어 유교윤리에 바탕을 둔 군신간의 예를 밝히고 치국의 경륜을 펴기도 하였다.

철학사상과 영남학맥에 있어서의 위치

대체로 조선 중기 이후 성리학의 발전에서 나타나는 특징 중의 하나는 권도權道(융통성의 발휘)의 위험성을 경계하는 측면이 강하게 나타나고 있지만, 조선초기 특히 관학파의 학자들에게 있어서 권도의 적극적인 수용은 일반적인 경향이기도 하였다. 그것은 그 당시의 성리학이 인간과 우주의 문제를 리와 기로 설명하는 성리학의 이론적인 경향보다는 정치질서의 변혁을 위한 실천적이고 경세적인 측면이 더욱 강조되었기 때문일 것이다. 그리고 특히 변계량에게서 이러한 경향은 보다 뚜렷하게 나타나고 있다. 조선의 개국공신인 아버지, 고려를 위해 순직한 스승 정몽주 그리고 새로운 왕국 건설을 위해 노력했던 새로운 스승 하륜이라는 얽힌 인간관계와 상반된 성격의 인물을 스승으로 모셔야 했던 변계량 개인의 삶에서 그것은 더욱 절실하게 표현되었을 것이다.

또한 변계량이 중앙정계에서 본격적으로 활동한 시기는 전제왕권이 점차 확고하게 자리 잡아간 태종 시기였다. 그러한 전제왕권 아래에서 정치적 안정과 관료들의 순응이 요구되는 이 시기는 그 이전 시기처럼 세상을 개혁하고자 하는 이상을 필요로 하지 않았다. 또한 목숨으로 절의를 지키기보다는 백성에 대한 지식인의 책임을 강조하지만 전제왕권 아래에서 지식인의 역할 역시 축소될 수밖에 없는 모순적 상황 속에서 이념적 창조력은 점차 이완되었던 것이다.

이렇듯 변계량은 지식인으로서, 이중적인 모습을 보여주며 그 양심을 어렵게 지켜가고는 있었지만, 그 학문의 길은 왕정을 찬양하고 관료들의 치적을 칭송하는 시문과 외교문서 등의 작성에 치중하는 사장학 방향으로 나아갈 수밖에 없었던 것이다. 이것은 변계량 개인의 문제가 아니라 여말 선초의 지식인들이 시대의 변화에 따라 이념적 토대가 허물어지고 정신적으로 이완되어 가는 과정을 보여주는 것이라 하겠다. 건국초기 신흥사대부들의 신선하고 열정적인 새로운 이념에의 추구가 변계량에 이르러 퇴조하기 시작한 것이다. 그리고 이것은 뒤에 사림파가 중앙정계로 진출하면서 훈구파와 대립하기 시작한 후, 사림파의 활동과 지향에 명분을 제공하는 것이기도 하였다.

그렇다고 해서 그가 주자학적 토대로부터 완전히 벗어난 것은 아니다. 그는 기본적으로 정몽주와 하륜의 상대적으로 이질적인 학문적 경향을 계승하였고, 이러한 단순하지 않은 그 삶의 역정은 개인적 고뇌와 함께 삶의 태도를 이중적으로 엮어냈을 것으로 이해할 수 있다. 반면 그가 이해하고 있는 주자학은 하륜과 크게 다르지 않으며, 주자학의 기본적인 구도와 개념들에 대해 상당한 이해를 가지고 있었던 것으로 짐작된다.

특히 그는 법제와 시의時宜의 연관성을 통해서 치도治道의 성격을 묻는 「전시대책殿試對策」에서 치도의 근본이 마음(心)에 있음을 밝히고 심성의 근원성을 강조하였다. 심성론은 주자학의 근본 문제인 동시에 조선성리학의 골간을 형성한 철학적 문제였다. 이러한 그의 관점에서 본다면 정치라는 것은 결국 마음을 실현하는 것이며, 동시에 마음이 갖추고 있는 리, 즉 성을 실현하는 것이다. 그리고 그는 이러한 본심 혹은 본성을 실현하는 방법으로 경敬의 공부를 제시하였다. 그는 "경은 일신의 주재요 만사의 근본이며, 성학聖學의 시작과 끝을 이루고 있는 것이다. 정精과 일一의 공을 이루고자 한다면 반드시 경에서 시작하여야 한다"는 그의 말에서 이것은 분명하게 드러난다.

이 밖에 그는 앞에서도 논하였듯 시문에도 재능을 발휘해 다양한 시를 지었는데 그 가운데는 다음과 같이 유가적 풍취가 배어 있는 시조도 있다.

내게 좋다 하고 남 싫은 일 하지 말며
남이 한다 하고 의 아녀든 좇지 말라
우리는 천성을 지키어 삼긴 대로 하리라

이 시조는 "나에게 좋다고 해서 남이 싫어하는 일을 하지 마라. 남들이 한다고 해서 옳지 않은 일까지 따라 해서는 안된다. 선한 천성을 그대로 지켜서, 그 선한 천성이 명하는 대로 따르리라"라는 뜻으로 특히 유가적 색채가 짙다.

조선의 개국공신인 아버지와 조선의 개국에 반대하다 살해된 스승, 그것에 더하여 새로운 왕국의 기초를 다진 하륜이라는 제2의 스승으로부터 비롯된 변계량의 삶에서 나타난 이중적 측면은 변계량이 사망한 후 기록한 『세종실록』「졸기卒記」에서도 잘 나타나고 있다.

> 계량이 문형文衡을 거의 20년 동안이나 맡아서 대국을 섬기고 이웃 나라와 교제하는 사명詞命이 그 손에서 많이 나왔고, 시험을 주관하여 선비를 뽑는 데 한결같이 지극히 공정하게 하여, 전조前朝의 함부로 부정不正하던 습관을 다 고쳤으며, 일을 의논하고 의문을 해결하는 데에 이따금 다른 사람의 상상 밖에서 나오는 일이 있었다. 그러나 문文을 맡은 대신으로서 살기를 탐하고 죽음을 두려워하며, 귀신을 섬기고 부처를 받들며,

하늘에 절하는 일까지 행하여 삼가는 것이 없으니, 식자들이 조롱하였다. 처음에 철원 부사 권총權總의 딸에게 장가들었다가 버리고, 또 오씨吳氏에게 장가들었다가 죽고, 또 이촌李村의 딸에게 장가들어 몇 달 만에 버리고, 또 도총제 박언충朴彦忠의 딸에게 장가드니, 아내가 있으면서 다른 아내에게 장가들었다는 일로 유사들이 탄핵하게 되었다. 끝내 아들이 없고, 비첩婢妾의 아들이 있으니, 이름이 영수英壽이다.

이러한 기록에서 보여지듯 변계량은 당대에 이미 이중적인 평가를 받고 있었다. 그는 여러 주자학 관련 저술을 남기거나 단순히 문장을 매끄럽게 쓰기 위한 사장보다는 주자학적 이념을 더욱 가치 있는 것으로 여기며 주자학을 열정적으로 선양하였던 앞 시대의 인물들과 다른 모습을 보여주었다. 그리고 그 삶의 태도나 지향은 절의를 중시하는 사림파에게 용납될 수 없었고, 그렇기 때문에 훗날 사림파 중심의 도통론이 확립되었을 때 그는 도통의 계보에서 자신의 자리를 확보할 수 없었다.

참고문헌

유호진, 「변계량 시의 변모와 그 문화사적 의미」, 『한국시가연구』, 한국시가학회, 2003.

이한수, 「조선초기 변계량의 시대인식과 권도론」, 『역사와 사회』, 국제문화학회, 2001.

10 윤상尹祥

생평生平

윤상尹祥(別洞, 1373~1455)의 자字는 실부實夫이고 호號는 별동別洞이다. 별동이라는 그의 호는 그가 태어난 예천의 동리이름이기도 하다. 1373년(공민왕 23)에 현재의 예천에서 윤선尹善의 아들로 태어난 그는 어려서부터 남달리 총명하였을 뿐만 아니라, 공부를 게을리하지 않았다고 전해진다. 하지만 집안이 가난하여 10여 세부터 관아의 급사 일을 하게 되었고, 마침 그 때 고을의 수장으로 재직하고 있던 당대의 유학자였던 조용趙庸(?~1424)의 눈에 띄어 그의 제자가 되었다. 조용은 정몽주의 문인으로 태종 때에 대사성을 지낸 학자였다.

그는 조용의 문하에서 사서와 유가경전, 그리고 성리서들을 연구하게 되었으며, 이 시기에 그의 학문적 토대 역시 마련된 것으로 보인다. 태조 원년인 1393년 그의 나이 20세에 진사에 합격하고 21세에는 생원시, 그리고 24세인 1396년(태조 5) 문과에 급제하여 사주, 선산 향교의 교관을 거쳐 43세인 1415년(태종 15)에는 서장관書狀官으로 명나라에 다녀와 사예司藝가 되었다. 그 뒤 늙은 부모를 봉양하기 위해 그는 외직外職을 청하여 금산·대구·영주의 수령을 역임한 후 63세(1435년)에 성균관 대사성이 되어 16년 간 성리학의 보급과 후진 양성에 노력을 기울였다.

<그림 32> 별동묘別洞廟

예천군 보문면 미호동에 있으며, 윤상의 위패가 봉안되어 있다.

1448년(세종 30) 76세에 단종이 성균관에 입학하니 세종의 명으로 다시 세자의 스승이 되었다. 이로써 그는 문종에 이어 두 세자의 스승이 되기도 하였다. 1450년(세종 32) 76세에 관직에서 물러나 1455년(세조 1) 83세로 사망하였다. 윤상의 집안은 그 선대에도 벼슬한 이가 없었고, 그 후대에도 크게 이름을 날린 이가 없었다. 이렇듯 윤상은 한미한 집안 출신으로 모든 어려움을 극복하고 당대 최고의 학자가 된 인물이다.

주요활동

어린 시절 생활형편이 어려웠던 윤상은 관아의 급사가 되어 주경야독하는 생활을 했으며, 관아에 드나들면서 관솔을 준비해 두었다가 밤이 되어 글을 읽을 때에 사용했다는 일화가 전해진다. 또한 그의 지혜를 엿볼 수 있는 일화에는 동화집에 자주 등장하는 「거위와 구슬」의 이야기가 있다. 이 이야기에 등장하는 인물이 윤회尹淮라는 설도 있지만, 그 줄거리를 보면 대체로 다음과 같다.

윤상이 길을 가다 날이 저물어 주막에 머물게 되었다. 주막의 대청마루에 앉아 있을 때 주막집 어린 아이가 값진 구슬을 갖고 놀다가 마당에 떨어뜨리자 옆에 있던 거위가 삼켜 버렸다. 잠시 후 주막집에서는 구슬이 없어졌다고 야단법석이 났다. 결국 주막 주인은 윤상이 구슬을 훔쳤다고 생각하여, 그를 관가에 끌고 가려 하였다. 그러자 윤상은 태연히 거위의 다리를 끈으로 묶어 자신의 옆에 있게 한다면 반드시 구슬을 찾아 주겠다고 주인에게 말했다. 반신반의한 주인은 기둥에 윤상과 거위를 함께 묶어 밤을 새도록 했다. 다음날 아침 거위 배설물 속에서 구슬을 발견한 주인은 윤상에게 사과하면서 그 사실을 알면서 왜 이야기하지 않았느냐고 물었다. 그러자 윤상은 어제 저녁에 거위가 구슬을 삼켰다고 말했다면 주인은 거위를 죽였을 것이라고 대답했다.

철학사상과 영남학맥에 있어서의 위치

윤상의 학문, 특히 성리학에 대한 이해가 어느 수준에 이르렀는지를 확인할 수 있는 자료는 많지 않다. 윤상의 문집은 넷째 아들인 윤계은尹季

殷이 유고遺稿를 모아 편집하여 김종직金宗直의 서문序文까지 받았지만 간행하지는 못하였다. 그 뒤 10세손인 윤삼징尹三徵·윤응징尹應徵 등이 이광정李光庭에게 유고의 교정을 부탁하여 1745년(영조 21) 편집을 완료하고, 아울러 연보年譜·묘갈명墓碣銘(林霽光 撰)·문견록聞見錄을 보충하여 부록으로 엮어 1749년(영조 25)에 목판木板으로 간행하였다. 그 후 1900년(고종 41) 후손 윤우진尹友進 등이 여러 학자들의 글 속에서 남아있던 윤증의 시문과 표전表箋 수 편을 모으고, 행장行狀(柳厚祚 撰)·행록行錄(朴周鍾 撰)·신도비명神道碑銘(李中麟 撰)을 부록으로 하여「속집續集」2권을 간행하였다. 이렇듯 후손들의 노력에 의해 편집된『별동집別洞集』가운데 권卷1의「성균관벽불소成均館闢佛疏」, 권卷2의「전책殿策」,「책문策問」,「천생증민유물유칙天生烝民有物有則」등이 그의 성리학적 사상을 확인할 수 있는 한정된 자료들이다.

<그림 33> 청심대淸心臺

예천군 보문면 미호동에 있으며, 후손들이 윤상의 덕을 기리기 위해 세웠다.

이와 같이 한정된 자료로부터 확인할 수 있는 윤상의 성리학적 특징은 대체로 다음과 같은 두 가지로 요약할 수 있다. 하나는 그가 주자학의 우주론 혹은 리기론을 충분히 이해하고 있다는 점이다. 주자학에서 우주와 그 안에 존재하는 사물들의 생성과 변화를 설명하는 우주론은 리기론을 토대로 하고 있다. 특히 형이상의 원리인 리와 형이하의 질료인 기를 통해 우주만물의 생성과 변화를 설명하는 것은 주자학의 기본적인 시각이다. 그런데 윤상은 「천생증민유물유칙」이라는 글에서 이러한 주자학의 기본적인 토대에 대한 이해를 잘 표현하고 있다. 즉 "하늘이 인간을 낳으니 이미 물이 있고, 하늘이 인간에 부여하니 반드시 성이 있다"고 하였으며, "하늘이 백성을 낳음에 기로써 형을 이루니, 사물의 용이 있고 리가 또한 부여되니 당연의 법칙이 있다"고도 하였다. 이러한 리기론적 관점에서 그는 다시 "리는 기가 아니면 깃들 곳이 없고, 기는 리가 아니면 이룰 수가 없다"고 하여 리와 기가 서로 떨어질 수 없음을 강조하였다. 그의 이러한 관점은 정도전, 권근의 뒤를 이어서 성리학에 대한 보다 심화된 이해를 보여주고 있는 것으로 평가할 수 있다.

다음으로 윤상에게서 나타나는 성리학적 특징에는 실천성에 대한 강조이다. 이러한 특징은 여말 선초의 유학자들뿐만 아니라, 전체 유학의 전개과정에서 나타나는 일반적인 현상이고 관점이지만, 특히 평생을 관료생활로 보낸 윤상에게 있어서 성리학은 단순히 지적 호기심의 충족대상일 수 없었을 것이다. 즉 그에게 있어서 학문연구의 궁극적 목표는 단순히 이론적 지식의 축적에 있었던 것이 아니라 성리학적 이념의 정치적 실현을 위한 것이었다. 그러므로 그에게 있어서 인仁과 경敬은 곧 실천적 덕목으로 강조될 수밖에 없었던 것이다.

<그림 34> 청심대淸心臺 현판

조선초기의 학자였던 윤상은 정도전·권근·변계량 등과 같이 관료의 길을 걸었지만, 훈구파뿐만 아니라 사림파에서도 조선초 성리학의 적통으로 거론된다. 특히 그는 김종직·서거정·성현·이황 등으로부터 성리학에 일가를 이룬 것으로 평가되었다. 이것은 윤상 이후 그 학통이 두 갈래로 나누어져 전개된 것에 기인하는 것으로 보인다. 즉 윤상 이후 그의 학통은 성균관과 집현전을 중심으로 전개된 하나의 흐름과 예천을 중심으로 영남북부 지방에서 전개된 다른 하나의 흐름으로 나누어졌던 것이다. 재경관인을 중심으로 전개된 전자는 관학파 혹은 훈구파의 흐름을 형성하였다면 후자는 영남사림파의 흐름 속에 편입되었던 것이다. 이렇듯 그는 관학파와 사림파 모두에게서 긍정적인 평가를 받는 몇 안 되는 인물이며, 당대에는 성리학뿐만 아니라 교육과 문학의 영역에서도 상당한 영향력을 끼친 인물이었다.

참고문헌

김승회, 「별동 윤상 연구」, 『漢文學論集』 제14집, 근역한문학회, 1996.

11 하위지河緯地

생평生平

본관이 진주인 하위지河緯地(丹溪, 1387~1456)는 지금의 선산부善山府 영봉리迎鳳里 단계丹溪에서 아버지 담澹과 어머니 김씨 사이에서 4형제 중 둘째로 태어났다. 훗날 스스로 호號를 단계라고 한 것도 바로 자신이 태어난 동리 이름에서 연유한 것이다. 그의 어린 시절 이야기는 별로 전해지는 것이 없으나 평소 말이 없고 공손하여서 아버지의 훈도를 받아 글을 익히는 데 열심이었던 것으로 전해진다. 1435년(세종 17)에 생원이 되고, 27세인 1438년(세종 20) 문과에 장원급제했는데 이 때 동생 하기지河紀地와 훗날 같은 사육신의 한 사람이 된 성삼문이 함께 합격했다.

하위지의 본격적인 활동은 집현전 학사가 되면서 시작된다. 변계량卞季良, 윤회尹淮 등에 의해 재건된 집현전은 당시 최고 수준의 왕립유학연구소였는데 정원은 30여 명이었다. 이 무렵 하위지는 박팽년朴彭年, 유성원柳誠源, 이개, 성삼문成三問 등과 아침 저녁으로 세종의 경연에 참석해 고금의 경사經史를 강론했는데 그는 특히 치국의 경륜과 시무時務를 다루는 대책對策·소장疏章이 뛰어나 세종으로부터 인재 중 제일이라는 칭찬을 받기도 하였다.

<그림 35> 창열서원彰烈書院

안동시 서후면 교리에 있는 이 서원은 순조 9년(1809년) 하위지의 충절을 추모하기 위해 창건하였다.

또 훗날 문종에 즉위하게 되는 세자와 특히 가까워 밤이면 세자가 매번 책을 들고 집현전으로 찾아와 밤에도 의관을 풀지 못했다는 일화도 전해진다. 또한 박팽년·이개·성삼문과 함께 삼각산 진관사津寬寺에서 사가독서하며 깊은 우정을 나누었다. 이 무렵 하위지는 세종의 명을 받아 『권농교서勸農敎書』를 지어 농사를 장려하였고 정인지鄭麟趾 등과 함께 중국의 주周나라에서 원元나라에 이르기까지의 중국 역사,

그리고 기자조선에서 고려에 이르기까지의 한국사 중에서 국가의 흥망興亡, 군신君臣의 요사스러움과 올바름, 정교政教 ·풍속風俗 ·외환外患 ·윤리도덕 등 각 방면에 걸쳐 권징勸懲할 만한 사실들을 발췌하여 후세인들의 귀감으로 삼게 한 『치평요람治平要覽』을 지어 유교이념에 바탕을 둔 풍속의 교화에 힘썼다.

1448년에 세종은 맏손자를 왕위계승자인 왕세손으로 책봉했다. 불과 8세에 불과했던 맏손자를 왕세손으로 책봉한 데는 그만한 이유가 있었다. 세자가 있으나 몸이 병약할 뿐만 아니라 아래로 수양대군을 비롯한 여덟 왕자들이 모두 야심이 있었고 특히 수양대군의 주위에는 한명회韓明澮와 같은 모사와 문객이 많아서 미리 왕통을 확립해 둘 필요가 있었던 것이다. 그 후 2년 뒤 세종이 사망하고 문종이 즉위하였지만 그 역시 즉위 2년 3개월 만에 사망하고 말았다.

문종이 사망한 후, 단종은 12세의 어린 나이에 왕위를 계승하였다. 하지만 단종 즉위 원년인 1453년 10월 수양대군은 김종서를 살해한 뒤 사후에 왕에게 알리고 왕명으로 중신들을 소집, 영의정 황보 인·이조판서 조극관趙克寬·찬성贊成 이양李穰 등을 대궐 문에서 죽였을 뿐만 아니라 좌의정 정분 등을 유배시키고 스스로 영의정에 올라 정권을 장악하였다. 이 때를 전후하여 하위지는 『역대병요』 편찬관으로 있었는데, 수양대군이 총재관總裁官으로 있으면서 하위지를 회유하기 위해 사헌부 집의와 집현전 직제학, 사간원 좌사간의 벼슬을 내렸으나 병을 핑계로 고향인 선산으로 낙향하였다. 단종이 불렀지만 관직에 나가지 않다가 이듬해인 1454년(단종 2) 부제학·예조참의를 거쳐 이듬해에 예조참판이 되었다. 하지만 그 해에 단종이 왕위를 선양하는 방식으로 수양대군이 왕위에 올랐다. 이렇게 왕위를 찬탈한 세조가 즉위한 이후 그는 세조가 주는 녹祿을 부끄럽게 여겨 받은 녹봉을 따로 쌓아 두고 먹지를 않았다고 전한다.

한편으로 그는 세조의 강권정치에 맞서기도 하였다. 즉 세조가 즉위하자 왕권강화책으로 종전부터 시행하던 의정부 본래의 권한인 서사제署事制를 폐지시키고 육조가 관장하는 사무를 의정부를 거치지 않고 직접 왕에게 상계하는 육조직계제六曹直啓制를 시행하여 의정부의 권한을 축소시켰다. 이러한 세조의 조처에 고대 주나라 제도를 들어 의정부 서사제의 부활을 강력히 주장하였던 것이다.

<그림 36> 창열사彰烈祠

하위지의 사당으로 안동군 서후면 교동 창열서원 안에 있다.

1456년(세조 2) 성삼문成三問 등과 단종 복위復位를 꾀하다 실패하여 동료들과 함께 거열형車裂刑에 처해지고 형제와 아들이 연좌되어 함께 죽었다. 1691년(숙종 17)에 복관復官되고, 1758년(영조 34)에 이조판서吏曹判書에 추증되면서 '충열忠烈'이란 시호가 내려졌다. 안동의 창열서원彰烈書院, 선산善山의 월암서원, 대구의 낙빈서원, 과천果川의 민절서원愍節書院, 홍천洪川의 노운서원魯雲書院, 연산連山의 충곡서원忠谷書院, 영월寧越의 창절사彰節祠, 의성義城의 충렬사忠烈祠 등에 제향되었다.

주요활동

하위지의 주요활동은 집현전 학자로서의 연구 · 저술활동과 세조의 왕위찬탈 이후 단종복위운동 등으로 요약될 수 있다. 하지만 후세인들에게 있어서 하위지는 집현전의 학자보다는 단종복위운동의 실패로 목숨을 잃은 사육신으로 더욱 뚜렷이 기억된다. 김종서, 황보인 등을 죽이고 수양대군이 영의정에 올라 정권을 장악하자 하위지는 벼슬을 버리고 고향으로 낙향해 있었는데, 이 때 박팽년이 비가 내릴 때 쓰는 도롱이를 빌려주자 하위지는 다음과 같은 시로 답하였다.

남아의 득실이 예나 이제나 같으니
머리 위에 분명히 밝은 해가 다달아 있네
도롱이를 빌려주는 것에는 뜻이 있으니
오호五湖 연우煙雨 속에서 다시 만나리

이 시는 박팽년이 도롱이를 빌려주자 하위지가 그 뜻을 알아차리고 임금에 대한 충성과 함께 선비의 지조를 지켜 수양대군 일파를 제거할 뜻을 읊은 것이다. 도롱이를 쓰고 햇빛을 가리는 비를 함께 막아내자는 뜻이 담겨져 있는 것이다.

또한 하위지의 인물됨을 알고 있던 세조가 단종 복위를 꾀하다 잡혀 온 그를 살리기 위해 만약 음모에 가담하지 않았다고 말하면 살려주겠다고 회유하였다. 그러자 하위지는 "기왕에 반역의 죄명을 씌웠으면 마땅히 죽일 것이지 무엇을 다시 묻는가" 하고 소리쳐 그의 꿋꿋한 절개를 보여 주기도 하였다.

그리고 하위지의 대가 끊어지지 않은 것과 관련하여 다음과 같은 일화가 전해진다. 하위지가 체포되기 전에 막내아우인 소지紹地의 아들 중 아직 호적에 오르지 않은 귀동龜童이란 아이를 후사로 삼은 후, 여종을 시켜 귀동이를 업고 외가인 봉화로 도망가게 했다. 뒤에 관가에서도 이 사실을 알고 봉화로 관리를 보내 아이를 잡아오게 했는데, 공교롭게도 그 집 종의 아들 이름 역시 귀동貴童이어서 대신 잡혀 죽게 됨으로써 하위지의 대가 끊기는 것을 면하게 되었다는 것이다. 그리고 1705년(숙종 31) 왕명으로 그의 막내 동생이었던 하소지河紹地의 둘째 아들인 하원河源을 후사로 삼았다는 기록 역시 전하고 있다.

관련된 역사적 사건

'사육신'이란 말은 남효원이 지은 『추강집』「육신전」에서 성삼문成三問·박팽년朴彭年·하위지河緯地·이개李塏·유성원柳誠源·유응부兪應孚의 절의를 기록한 것에서 비롯된다. 물론 당시 단종 복위 운동과 관련하여 이 여섯 사람 이외에도 100여 명 희생되었다. 단종 복위 운동의 주모자로 지목된 사람만도 사육신 외에 박중림·권자신·김문기·

성승 등 17명에 이르고 있으며, 이들은 오랫동안 반역자로 취급되어 왔으나 숙종 때 대부분 복권되고 그 절의가 재평가되었다. 그리고 「육신전」을 지은 남효온 역시 연산군 10년에 발생한 갑자사화에서 김종직의 문인이라는 점과 세조에 의해 이장되었던 단종의 생모 현덕왕후顯德王后 소능昭陵의 복위를 주장하는 상소를 올렸다는 이유로 부관참시 당했다. 중종 8년에 소능이 복위되면서 남효온 역시 복권되어 좌승지에 추증되었고, 숙종 때에 와서는 그가 지은 「육신전」도 간행될 수 있었다. 이런 까닭에 단종 2년인 1454년에 태어나 세조가 왕위를 찬탈할 때 겨우 2세에 불과했던 남효온이지만 생육신으로 제향되어 왔다.

그렇다면 하위지가 직접적으로 관련되었던 단종 복위 사건의 내막은 어떠한가? 단종은 세종의 손자이자, 문종의 아들로 1448년(세종 30) 왕세손王世孫에 책봉되고, 1450년 문종이 즉위하자 세자世子에 책봉되었다. 그 2년 뒤인 1452년 문종의 뒤를 이어 왕위王位에 올랐지만, 수양대군은 1453년 10월 '계유정난'을 일으켰다. 문종은 사망하기 전 어린 왕인 단종을 잘 보필해 주길 영의정 황보인, 좌의정 남지, 우의정 김종서 등 이른바 고명대신들에게 부탁함으로써 이들이 정권을 장악하였다. 정권을 장악한 황보인, 김종서 등은 소위 의정부의 권한을 강화하여 막강한 인사권을 행사하였다. 이들의 인사권 전횡으로 지나치게 권력이 증대하자 집현전 학사들과 사헌부의 반발을 불러왔고, 조정이나 왕실에서는 왕숙 섭정론이 대두되기 시작하였다.

이렇듯 왕자들의 세력과 황보인·김종서 등 대신들의 세력이 팽팽하게 맞선 가운데, 집현전 학사 권람과 신숙주·한명회를 끌어들인 수양대군은 1453년 10월 10일 계유정란을 일으켜 김종서를 살해하고 황보인을 비롯한 조정 대신들을 궁궐의 제2문에서 철여의라는 쇠뭉치로 때려죽이고 정권을 잡았다. 1452년 5월 18일 즉위한 단종이 왕위에 오른 지 1년이 지난 때였다. 이와 같이 일거에 실권을 잡은 수양대군은 영의정부사領議政府事, 이조·병조판서吏曹兵曹判書, 내외병마도통사內外兵馬都統使 등을 겸하면서 권력을 장악하였고, 좌의정에 정인지鄭麟趾, 우의정에 한확韓確을 임명하였으며, 집현전에서는 수양대군을 찬양하는 교서를 짓도록 하였다. 이 계유정난을 통해서 단종은 이름뿐인 왕이 되었고, 1455년 마침내 단종은 수양대군에게 왕위를 물려주고 상왕上王으로 물러나게 되었다.

이러한 상황에서 1456년 세조의 왕위계승을 인준하는 명明나라 사신이 조선에 입국한다는 통보가 오게 되었다. 그리고 사육신 중 한 사람인 유응부가 왕을 호위하는 별운검에 임명되면서 세조의 암살계획이 구체화되었다. 즉 하위지, 성삼문 등은 세조가 창덕궁에서 명나라 사신을 위해 연회를 열 때 왕을 호위하던 유응부가 세조를 제거하고 상왕으로 물러나 있던 단종을 복위하려 하였던 것이다. 하지만 세조가 왕을 호위하는 별운검을 동반하고 연회장을 나서는 것이 위험하다고 판단한 한명회가 창덕궁 연회장이 너무 협소하여 별운검을 동반하지 말 것을 주장했고 세조가 이 의견을 받아들임으로써 유응부의 암살계획은 뒷날로 미뤄질 수밖에 없었다. 이렇듯 거사에 차질이 생기자, 복위운동의 동지였던 성균사예成均司藝 김질이 겁을 먹고 장인이었던 우찬성右贊成 정창손鄭昌孫과 함께 세조에게 밀고하고 말았다. 그 날은 창덕궁 연회가 열린 다음날로 세조 2년 6월 2일이었다.

곧 바로 성삼문이 잡히어 심문을 받게 되었고 결국 박팽년·이개·

하위지 · 유성원이 공모하였다는 사실과 유응부 · 박정 등이 가담하였음이 밝혀졌다. 일은 이것으로 인해 파국으로 치달아 결국 5일 만에 고문을 견디지 못한 박팽년이 옥사를 하고, 유성원과 허조가 효수되었으며, 그 다음날인 6월 8일 이개 · 하위지 · 성삼문 · 성승(성삼문의 부) · 박중림(박팽년의 부) · 김문기 · 박정 · 송석동 · 권자신(단종의 외삼촌) · 윤영손 등이 거열형에 처해진 후 효수되었다.

<그림 37> 순흥의 금성단

단종의 복위를 도모하다 화를 당한 세종의 여섯째 아들인 금성대군을 비롯하여 이보흠 등 그 일에 연루되어 목숨을 잃은 사람들의 넋을 위로하기 위해 1719년(숙종 45) 부사였던 이병하가 단壇을 설치하였고, 1742년(영조 18) 경상감사였던 심성희가 다시 정비하여 현재의 모습을 갖추었다.

이 밖에도 세조 2년 6월 한 달 동안 100명이 이 사건에 연루되어 목숨을 잃었고, 7월 12일 일이 발각되자 자수하였던 이휘가 참수되는 것을 끝으로 이 사건은 일단 마무리되었다. 그러나 단종은 이 사건으로 인해 그 이듬해인 1457년 상왕에서 노산군魯山君으로 강봉降封되어 강원도 영월寧越에 유배되었다. 그런데 수양대군이 단종을 상왕으로 밀어내고 왕위에 오른 것을 비판하다 경상도 순흥으로 유배당하였던 금성대군이 순흥부사 이보흠과 단종의 복위를 도모하다가 발각되어 사사賜死되자 노산군은 다시 강등되어 서인庶人이 되었다. 그리고 마침내 그 해(세조 3) 10월 24일에 영월에서 사망하였다.

단종 복위 운동을 하다가 죽음을 당한 하위지 등의 6명을 사육신死六臣이라 부르고, 수양대군의 왕위찬탈王位簒奪에 분개하여 절의를 지킨 김시습金時習·원호元昊·이맹전李孟專·조려趙旅·성담수成聃壽·남효온南孝溫 등 6명을 생육신生六臣이라 부른다. 단종은 200여 년 후인 1681년(숙종 7) 신원伸冤되어서 대군大君에 추봉追封되었고, 1698년(숙종 24) 마침내 왕으로 복위되어 묘호廟號를 단종이라 하였다.

그런데 이러한 수양대군이 계유정난을 일으켜 비록 선양이라는 형식을 빌렸지만 사실상 왕위를 빼앗은 사건은 이후 조선 성리학의 전개과정에 깊은 영향을 끼쳤다. 정치적 논리 혹은 역사적 흐름 속에서 세조의 정변은 합리화될 수도 있을 것이지만, 이 사건은 주자학을 건국이념으로 삼고 있는 조선 왕조의 도덕적 기반을 뿌리째 무너뜨리는 것이었다. 하위지를 비롯한 사육신은 바로 조선의 건국이념과 시대의 양심을 수호하기 위해 목숨을 바친 사람들이었다. 그리고 이들의 명분과 절의를 중시한 주자학적 신념은 이후 조선 성리학의 주요한 토대로 작용하였다.

<그림 38> 창열서원彰烈書院 현판

영남학맥에 있어서의 위치

하위지를 비롯한 사육신의 글이나 문집은 당시 사람들이 정치적 분란을 일으킬 수 있는 화근이라 생각하여 기피하였으므로 대부분 전하지 않는다. 다만 시 몇 수가 문인들을 통해 구전으로 전해졌을 뿐이다. 숙종 때에 이르러 사육신이 사면 복권되고 난 뒤에, 박팽년의 7대 손인 박숭고朴崇古가 사육신의 전해지는 글을 모아 3권 3책으로 출판하였다. 그리고 1658년(효종 9)에 충청도 관찰사인 이경억李慶億이 간행한 『육선생유고』 역시 사육신의 시문유집詩文遺集이다. 하지만 이렇게 전해지는 글을 통해서 하위지를 비롯한 사육신들의 철학사상과 주자학에 대한 이해를 확인하는 것은 어렵다.

다만 하위지가 중앙정계에서 활동한 시기는 불과 십 칠팔 년의 짧은 기간이었으나 명분과 대의를 중시하고 절의를 지킨 그의 정신은 영남 사림에 이어졌다는 점에서 그는 영남사림의 중요한 축을 형성하였다고 할 수 있다. 후일 김종직金宗直이 「조의제문弔義帝文」을 지어 단종에 대한 절의를 표현한 것도 바로 하위지를 비롯한 사육신의 대의정신을 이은 것이었고 후세 유학자들의 명분론도 바로 이러한 정신을 계승한 것이기 때문이다.

훗날 남효온南孝溫은 『추강집秋江集』 「육신전六臣傳」에서 하위지의 인품에 대해 다음과 같이 평하였다.

> 그는 사람됨이 침착하고 조용하였으며, 말이 적어 하는 말은 버릴 것이 없었다. 그리고 공손하고 예절이 밝아 대궐을 지날 때는 반드시 말에서 내렸고, 비가 와서 길바닥에 비록 물이 고였더라도 그 질편한 길을 피하기 위하여 가지 않아야 할 길로 다니지 않았다. 또한 세종이 양성한 인재가 문종 때에 이르러 한창 성하여졌는데, 그 당시의 인물을 논할 때는 그를 높여 우두머리로 삼았다.

주지하듯 고려의 멸망을 전후하여 정몽주 · 이숭인 · 길재 등은 명분과 도의를 중시하여 절의를 지켰고 정도전 · 권근 · 하륜 등은 현실론의 입장을 취하여 혁명革命의 주체가 되었다. 하위지河緯地 등 사육신이 죽음으로써 대의명분을 지킨 점에서 정몽주와 비슷하고 이맹전李孟專 등 생육신은 정절을 지킨 길재에 가까웠다고 할 수 있다.

12 이맹전李孟專

생평生平

이맹전李孟專(耕隱, 1392～1480)은 수양대군首陽大君이 어린 조카인 단종의 왕위를 찬탈하자 단종을 위하여 절의를 지킨 생육신生六臣의 한 사람이다. 그의 본관은 벽진碧珍이고 자는 백순伯純이며, 호는 경은耕隱이다. 그는 병조판서를 지낸 이심지李審之의 아들로 1392년(태조 1)에 금오산 밑인 선산 형곡리荊谷里(현 구미시 신시동)에서 태어났다. 그의 집안은 누대로 성주군 초전면의 흡실에서 살았으나, 선산으로 옮긴 것은 그의 아버지 때였다. 그는 김숙자와 함께 길재吉再의 문하에서 주자학을 공부하였으며, 김숙자와는 평생지기로 지낸 것으로 전한다. 또한 성품이 청렴 강직하였고 의義라고 생각되면 어떤 어려움이 있어도 굽히지 않았으며, 효성이 지극한 전형적인 유학자의 모습을 가진 인물이었던 것으로 추측된다.

1427년(세종 9년)에 과거에 급제하여 한림翰林에 오른 후, 이어서 사간원司諫院의 정언正言에 올라 간언의 직책을 수행했지만, 문약한 문종이 즉위한 후, 중앙정계가 어지러워지자 외직을 자원하여 거창현감으로 부임하였다. 1454년(단종 2) 그의 나이 63세에 수양대군首陽大君이 좌의정 김종서金宗瑞를 살해하고 이어 황보인皇甫仁 · 조극관趙克寬 · 이양李穰 등을 살해하는 계묘정란癸卯靖亂을 일으키자 현감직에서 물러나 선산의 고향으로 돌아와 은거하며 여생을 마쳤다.

<그림 39> 용계사龍溪祠

이맹전의 신위를 모신 사당으로 경북 영천시 자양면 용산리의 용계서원 옆에 있다.

원호元昊 · 김시습金時習 · 조려趙旅 · 남효온南孝溫 · 성담수成聃壽와 함께 생육신으로 함안 서산서원西山書院에 배향되었으며 김주金澍 · 하위지河緯地와 함께 선산 월암서원月巖書院, 영천의 용계서원龍溪書院에 배향되었다. 1781년(정조 5) 이조판서 겸 홍문 · 예문관의 대제학에 추증되었다.

주요활동

1454년 거창현감을 사임하고 고향으로 돌아 온 이맹전은, 그 이듬해 수양대군이 마침내 단종을 상왕으로 몰아내고 왕위를 찬탈했다는 소식을 접한 후, 귀머거리에 벙어리가 되었다고 핑계 대며 찾아오는 손님을 사절하였다. 또 매월 초하루 아침마다 해를 향해 절하면서 병을 치료하기 위해 기도한다고 말하였지만, 사실은 동북쪽 단종의 적소가 있는 영월을 향한 배향이었다.

<그림 40> 서산서원西山書院

경남 함안군 사촌리에 있으며 이맹전이 배향되어 있다.

이맹전은 89세(1480)에 세상을 떠났지만 죽을 때까지 이렇듯 귀머거리에 벙어리 행세를 했던 것으로 전한다. 이상정이 쓴 묘갈명에는 다음과 같은 일화가 전한다. 김종직이 어느 날 그 아버지 김숙자의 오랜 벗인 이맹전을 찾아오자 가슴속에 쌓인 이야기를 하며 "내가 오두막집에서 죽을까 염려되더니 군자를 만나 내 마음이 활짝 펴진다"고 말하였다고 전한다. 김종직이 그 뜻을 알아차렸고, 임종에 이르러서야 그 자제들도 그가 왜 귀머거리에 벙어리 행세를 했는지 알게 되었다는 것이다. 또한 이맹전은 또 "자네와 같은 젊은이가 세상에 나가 야은冶隱선생의 학문을 세상에 널리 펼쳐야 한다"고 말하며 김종직의 출사出仕를 권유한 것으로 알려져 있다. 김종직은 그 권유를 듣고 1459년(세조 5)에 식년문과에 급제하여 교리, 감찰 등을 거쳐 지중추부사에 오르며 영남사림파의 종장으로 활동하였다.

또한 그는 가난한 가운데서도 절의를 지키는 삶을 살았다. 그는 가난하여 아침저녁 식사도 제대로 못했다고 전해진다. 그가 살던 집의 우물을 죽정竹井이라 하고 연못을 국담菊潭이라 불렀는데, 그것은 '죽'과 '국'으로 생활한 가난한 그의 삶을 표현한 것이기도 하였다. 생육신 가운데 한사람인 그의 행위는 훗날 영남 사림의 정신적 지향을 대변한 인물로 자리매김하였다. 김종직, 이황 등이 그를 추모하는 글을 남겼으며, 송시열은 그를 조선의 세 인자仁者 중 하나로 꼽았다.

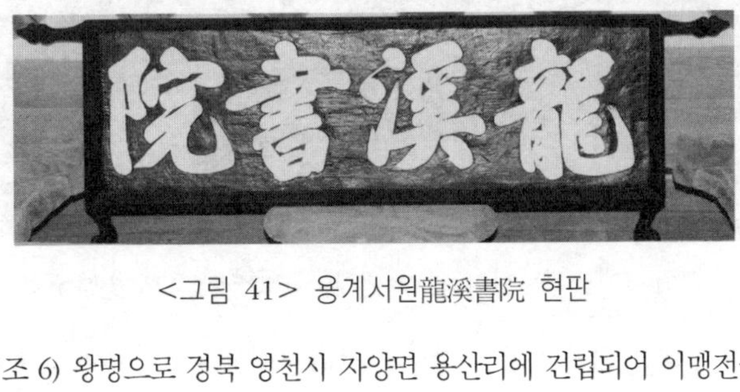

<그림 41> 용계서원龍溪書院 현판

1782년(정조 6) 왕명으로 경북 영천시 자양면 용산리에 건립되어 이맹전을 비롯한 생육신을 배향하였다.

이맹전의 이와 같은 은거생활은 계유정난을 통한 수양대군의 왕위찬탈 사건과 직접적으로 관련되어 있다. 이 사건은 사실상 이맹전 개인에게만 영향을 끼친 것이 아니라, 신진사대부 전체에 큰 파문을 던진 사건이었다. 그리고 이 사건을 바라보는 입장에 따라 사육신은 생명을 버렸고, 생육신은 평생 동안 외부와의 관계를 끊거나 출사를 포기하고 방랑으로 세월을 보냈다. 사육신이 적극적으로 절의를 실천하였다면, 생육신은 소극적으로 절의를 실천한 인물들이다. 이 생육신은 대체로 이맹전을 비롯한 김시습, 원호, 조려, 성담수, 남효온을 꼽지만, 남효온 대신 권절權節을 포함하기도 한다. 사육신과 생육신의 실천방식에서 어느 것이 바람직한가라는 물음은 무의미하다. 개인이 처한 조건과 그 시대적 배경들이 모두 다르기 때문이다.

<그림 42> 생육신이경은선생제단生六臣李耕隱先生祭壇

이맹전을 제사 지내기 위하여 지은 집으로 1713년(숙종 39) 왕명에 따라 후손 이유용·이십용 등이 지었다.

또 다른 한편으로 계유정난은 한양과 경기 지역을 근거로 하는 훈구파勳舊派와 영남 사림파의 분열과 대립을 낳았다. 훈구파는 대부분 문종文宗과 단종을 보필하다가, 세조의 집권 후에도 계속 정권에 참여해온 사람들이다. 주자학적 명분론과 절의정신에서 본다면 이들은 비판의 대상이 될 수 있지만, 그들 역시 넓게는 현실의 정치적 상황에 맞춰 주자학적 이념을 실현하려 노력하였다는 점에서 주자학적 이념을 포기한 것은 아니었다. 그 대표적인 인물이 바로 정인지鄭麟趾, 신숙주申叔舟 등이었고 서거정徐居正과 성현成俔 역시 넓게는 여기에 속한다. 반면 영남의 재야 사림이란 길재吉再·김숙자金叔滋의 학통을 잇는 김종직金宗直 계열을 가리키며, 훈구파에 비해 더욱 적극적으로 주자학적 명분론과 절의정신을 추구하였다. 이들 훈구파와 사림파의 대립과 갈등은 뒷날 4차례에 걸친 사화를 일으키는 직접적인 요인으로 작용하였다.

영남학맥에 있어서의 위치

이맹전의 주자학에 대한 이해 혹은 그의 학문적 특징은 분명하게 확인되지 않는다. 그가 영남학맥의 전개과정에서 긍정적인 평가를 받는 이유, 혹은 그가 영남학맥에 끼친 영향은 주자학의 이론적 이해나 전승보다는 그의 절의정신과 그 실천에서 찾을 수 있다. 이맹전은 정변을 통해 조카의 왕위를 찬탈한 수양대군首陽大君에 대한 충성을 거부하고 '두 임금을 섬기지 않는다'(不事二君)는 절의정신을 실천하며, 평생을 초야에 숨어 폐인으로 자처한 사람이다. 성리학은 앎(知)을 중시하는 만큼 그것의 실천(行)도 중시했다. 훗날 김종직金宗直·이황李滉·송시열宋時烈 등이 이맹전 등 생육신을 높이 평가한 것은 바로 이들이 보여준 행동이 성리학적 이념을 실천하는 전형을 보여주었기 때문이다.

13 김숙자金叔滋 · 김종직金宗直

생평生平

길재를 이어 본격적인 영남사림파의 토대를 닦은 이가 바로 김숙자金叔滋(江湖山人, 1389～1456), 김종직金宗直(佔畢齋, 1431～1492) 부자父子다. 김숙자의 본관은 선산이고, 자字는 자배子培이며 호號는 강호산인江湖山人이다. 그는 1389년 경북 선산에서 태어났다. 그의 가계는 본래 선산의 지방향리 출신이었다. 시조인 선궁宣弓은 고려 초의 공신으로 시중侍中을 역임하였지만, 이후 7대까지 호장戶長에 머물렀고, 김종직의 고조인 김광위金光偉가 명법과明法科에 급제하여 사족士族이 되었다. 어릴 때 조부로부터 배운 가학의 기초 위에, 12세 때부터 동향인 길재吉再의 문하에서 『소학』과 경서를 배웠다. 역학에 밝은 예천 출신의 유학자 윤상尹祥이 황간현감으로 내려와 있다는 소식을 듣고 찾아가 배움을 청하자, 그 열의를 보고 『주역』의 깊은 뜻을 알려주었다는 일화도 전한다.

김숙자는 1414년(태종 14) 사마시를 거쳐, 1419년(세종 1) 식년문과에 병과로 급제하여 중앙정계에 진출하였다. 하지만 당시 신진사류들 사이에 흔히 있었던 위친걸군爲親乞郡(부모를 봉양하기 위해 본관지 또는 부모 소재 지방의 관리로 임명해 줄 것을 청함)을 실천하여, 선산과 성주 향교의 교수와 고령·개령현감을 지내면서 길재의 학풍을 전파하였다. 그 뒤 사재감부정司宰監副正·성균관 사예司藝 등을 역임하였지만, 출처出妻(아내를 내쫓음)건으로 벼슬이 성균관 사예에 그쳤다는 이야기도 전한다. 첫 부인과 이혼한 후, 밀양의 토호였던 박홍신朴弘信의 무남독녀와 재혼하여 처가의 재산을 상속받으며 밀양에 자리 잡았던 것이다.

김숙자는 단종을 몰아내고 세조가 즉위하던 해인 1456년 벼슬에서 물러나 그 해에 사망하였다. 그의 『소학小學』에 토대를 두고 실천을 중시하는 학문자세는 길재에게서 물려받은 것으로서, 이것은 16세기 사림파의 일반적인 경향으로 자리 잡았다. 훗날 이조판서에 추증되었고, 선산의 낙봉서원洛峰書院에 제향되었다. 시호는 문강文康이다.

김숙자의 3남 2녀 중 셋째 아들이 바로 김종직이다. 전통적인 조선성리학의 계보에서 본다면 정몽주에서 길재로 이어지는 큰 흐름이 바로 김숙자, 김종직 부자로 이어지고 있는 것이다. 김종직은 1431년 경남 밀양에서 태어났다. 자字는 계온季昷이고, 호는 점필재佔畢齋이며 시호는 문충文忠이다. 그는 부친인 김숙자에게서 가학을 전수 받았는데, 김숙자는 그의 스승 길재의 교육방법대로 『소학』 중심의 교육을 시행하였다.

23세인 1453년(단종 1) 진사에 합격하고 조씨와 혼인하였다. 그리고 그 해에 부친의 부임지인 성주에 들렀다가 향교에 안치된 성현의 위패가 흙으로 만들어져 세월이 흘러 낡아지자 팔이 부러지는 등 보기 흉한 모습으로 방치되어 있는 것을 발견하고, 아버지에게 건의하여 모든 위패를 흙 대신 밤나무로 대체하도록 하였다. 이것이 성균관에 알려져 이후부터 전국의 모든 위패는 밤나무를 사용하게 되었다. 29세인 1459년(세조 5)에 비교적 늦은 나이로 식년문과에 급제하여 승문원 권지부정자가 되었고, 그 이듬해 사가독서賜暇讀書를 했다. 이때 세조는 치국의 학문을 전문화시킬 계획을 세우고 천문·풍수·율여·의학·음양·사학·시문학 등 7개 부문으로 분류한 후, 젊은 학자들을 각 영역에 배속하여 연구하도록 하였다. 김종직은 사학부문에 배속되어 학문을 연구하였다. 33세에 사헌부 감찰로 있을 때 궁중에서 불교행사를 거행하는 데 반대하다가 파직당하기도 하였다. 그러나 35세에 다시 영남병마평사로 기용되었고, 연이어 홍문관 수찬과 예문관 수찬에 올랐다.

41세에 부모공양을 위해 함양군수로 부임하였는데, 관아의 벽에 유자광柳子光의 시 한 편이 걸려 있는 것을 보고 "자광 따위의 소인배가 감히 현판을 하는가"라며 떼어 불살라 버리게 하였다. 이 일은 뒷날 그가 지은 「조의제문」과 함께 무오사화의 씨앗이 되었다. 그는 함양군수로 재직하는 동안 김굉필·정여창 등과 같은 뛰어난 제자들을 만나 학문을 전수할 수 있었다. 그 뒤에도 선산부사善山府使를 거쳐 응교應敎가 되어 다시 경연에 나갔다. 도승지, 이조참판, 경연동지사經筵同知事, 한성부윤, 공조참판工曹參判을 역임하였고, 59세에 형조판서에 올랐으나 병으로 사직하자, 중추부지사中樞府知事에 제수되었다. 동래온천에서 병을 고치기 위해 밀양으로 돌아왔다가 62세에 사망하였다. 문하생으로는 정여창鄭汝昌, 김굉필金宏弼, 김일손金馹孫, 유호인兪好仁, 남효온

南孝溫 등이 있다. 성종의 특별한 총애를 받아 문인들을 관직에 많이 등용하여 세력화하였으므로 본격적으로 훈구파勳舊派와의 반목과 대립이 시작되었다.

<그림 43> 김종직의 묘

무오사화에 부관참시 당하는 화를 입었기에 그의 무덤에 대한 감회가 남다르다.

그가 사망한 후 1498년(연산군 4) 생전에 지은 「조의제문弔義帝文」을 사관史官이었던 그의 제자 김일손이 사초史草에 적어 넣은 것이 원인이 되어 무오사화戊午士禍가 일어났다. 이미 사망한 그는 부관참시剖棺斬屍를 당하였으며, 그의 문집은 모두 소각되고, 김일손·권오복權五福·권경유權景裕·이목李穆·허반許盤 등 많은 제자가 죽음을 당하였다. 중종中宗이 즉위한 후 그 죄가 신원되고, 숙종肅宗 때에 영의정에 추증되었다. 밀양의 예림서원禮林書院, 구미의 금오서원金烏書院, 함양의 백연서원栢淵書院, 금산金山의 경렴서원景濂書院, 개령開寧의 덕림서원德林書院에 제향되었다. 그리고 문집에는 1640년(인조 18) 전주윤全州尹으로 있던 한흥일韓興一(1587~1651)이 수집하여 간행한 『점필재집佔畢齋集』이 있고, 저서로 『유두유록流頭遊錄』, 『청구풍아靑丘風雅』, 『당후일기堂後日記』와 편서에 『동문수東文粹』, 『일선지一善誌』, 『이준록彛尊錄』 등이 있다.

주요활동

'사림士林'이라는 말은 고려 후기 신흥사대부의 출현과 함께 등장한 용어로, 선비들 즉 사류士流를 지칭하는 말이다. 하지만 조선 성종시기를 전후해서는 훈구파에 대응하여 정치적 영향력을 행사하는 성리학자와 그 선비집단을 뜻하게 되었다. 이들의 기본적인 특징은 주자학의 이념을 엄격하게 따르고 그것을 실천하는 생활자세, 그리고 현실참여나 현실비판의 정신을 갖추고 있었다는 점 등을 들 수 있지만, 이 외에도 향토에 대한 각별한 애정과 자부심이라든가, 일반 백성들의 삶에 대한 관심과 그것에 바탕을 둔 현실인식 또한 사림들이 공유하고 있는 특징이기도 하였다. 김숙자로부터 김종직으로 이어지는 이 시기, 그리고 이 두 학자의 위치는 바로 본격적인 사림의 탄생과 함께 사림이 나아갈 길을 제시하고 선도했다는 데 있다.

김숙자·김종직 부자의 출현은 구심점이 없던 재야 영남 사류들에게 용기와 활기를 불어넣어 당시 훈구파勳舊派에 의해서 주도된

<그림 44> 도연재道淵齋

김종직의 덕을 기리기 위해 경북 고령군 쌍림면 합가리에 유림들이 세운 강학講學 장소

관학官學과는 다른 성격의 성리학적 흐름을 형성하는 계기가 되었다. 이것은 이들을 중심으로 영남의 사학이 흥성하였고, 김굉필, 정여창을 비롯한 수 많은 학자들이 배출되었으며, 의리와 명분을 중시하는 학풍이 형성되었기 때문이다. 이렇듯 15, 16세기를 전후하여 김숙자·김종직 부자를 중심으로 형성된 사림은 정치적으로는 집권층인 훈구파와 대립하면서 학문상으로는 정몽주·길재 등의 실천윤리와 절의정신을 계승했다. 그리고 그 인물들 대부분이 영남출신이었기 때문에 이들을 흔히 영남사림파라 불렀던 것이다. 명분과 의리 사상을 고수한 영남사림파는 그 이후 형성된 영남학파의 토대를 형성하였고 그 사상적 밑거름이 되었다.

영남사림파는 척신戚臣·훈신勳臣 등으로 구성된 훈구파와의 대립으로 비극적인 사화를 낳기도 하였지만 향리와 향교를 중심으로 한

<그림 45> 예림서원禮林書院

1567년(명종 22) 김종직의 덕을 기리기 위하여 건립한 서원으로 처음에는 '덕성서원'이라 하였지만, 뒤에 이황이 '점필서원'으로, 그리고 1635년(인조 13) 지금의 상남면 예림리로 이건하면서 '예림서원'으로 이름을 바꾸었다.

지방교육의 새로운 계기를 만들기도 하였다. 따라서 고려 말에 수입된 주자학이 소화 흡수되는 시기, 영남사림파의 형성을 주도한 김숙자, 김종직 부자의 시대사적 의의는 크다고 하겠다.

이렇듯 영남사림파에 있어서 중요한 역할을 담당한 김종직도 29세인 비교적 늦은 나이에 과거에 급제하여 본격적인 관료생활을 시작하였다. 특히 1431년(세종 13)에 겨우 16세에 불과했던 그는 과거에 응시하여 「백룡부」라는 글을 지었으나 낙방한 후, 고향으로 돌아가는 도중에 한강변의 제천정濟川亭에 오른 김종직은 자신의 심경과 당시 시험관의 안목이 좁음을 비유하여 다음과 같은 시를 지었다.

눈 속의 찬 매화나 비 내린 뒤의 산은
보기에는 쉬워도 그리려 하니 어렵다
내 일찍 다른 사람의 눈에 들지 못할 것을 알았다면
차라리 연지를 잡고 모란꽃이나 그릴 것을

시험 감독관이었던 김수온金守溫이 뒷날 제천정에 올라 이 시를 보고 장차 김종직이 으뜸가는 문호가 될 것이라고 예견했다.

또한 김종직이 활동하던 당시는 비록 주자학을 이념으로 조선이라는 국가가 건국되었지만, 일반 생활 속에서는 여전히 불교의식에 따라 제례가 행해졌다. 그것은 왕실이나 일반 백성들에게서도 큰 차이가 없었다. 이러한 풍속에 대해 김종직은 비판하고 모든 상례와 제례를 유교식으로 행할 것을 주장하였으며, 왕실과 사대부 집안을 중심으로 유교적 예식이 널리 전파되는 계기를 만들기도 하였다.

관련되었던 역사적 사건

고려의 멸망과 조선의 건국과정에서 정몽주와 길재 등이 보여준 주자학적 명분론과 절의정신을 계승한 영남 사림파는 김숙자를 거쳐 김종직의 대에 이르러 비로소 본격적으로 중앙정계에 진출하여 활동하기 시작하였다. 이들의 중앙정계 진출은 단순히 현실적 효용성만이 강조되던 조선 초기와 달리 나라의 안정과 함께 지배이념으로서의 유학을 이론적으로 정립할 필요성이 제기됨으로써 가능했다는 견해도 보인다. 그러나 보다 현실적으로는 정치적 필요성을 통해 그들의 중앙정계진출을 이해하는 것이 보다 사실에 근접한 것이라 여겨진다.

조선은 건국으로부터 성종 때까지 약 70여 년 동안 '왕자의 난'과 '계유정난' 등 정치적 격변기를 거치게 되었으며, 이 과정에서 모두 8차에 걸쳐 약 372명의 공신이 양산되었다. 그리고 이들 공신이라는 특정 집단에 대한 엄청난 특혜와 신분 보장은 결국 국가 재정의 악화와 하층농민들의 토지기반 상실을 가속화시켰다. 따라서 조선 건국의 이념으로 자리잡은 성리학의 정치 이념은 점차 퇴색하고 비대해진 공신집단에 의한 권력집중이 가속화되었다. 특히 세조의 계유정난 이후 훈구세력의 정치적 입지는 더욱 강화되었고, 세조의 뒤를 이어 왕위를 계승한 성종은 왕권의 강화를 위한 특단의 조치를 취하지 않을 수 없었다. 실제로 김종직이 관직에 나섰을 당시 정국은 계유정란의 공신들인 훈구 세력들이 정치와 경제적인 특혜를 배경으로 호화롭고 사치스러운 생활을 영위하고 있었다. 반면에 양민들은 극심한 가렴주구를 겪고 있었고, 잦은 자연재해마저 백성들을 괴롭히고 있었다.

이렇듯 당시의 정치·사회적 현실은 과전법 체제의 붕괴 이후, 훈구파의 토지 점유와 공역의 과중함으로 양민은 급속하게 몰락하고 있었다. 따라서 사회적 개혁은 그 시대의 요청이기도 하였다. 바로 이러한 상황에서 성종이 선택한 방법이 바로 신진 사림의 기용을 통해 훈구세력의 견제였고, 궁극적으로는 왕권의 회복과 강화에 있었다. 그리고 바로 이러한 역사적인 상황 속에서 김종직의 본격적인 중앙정계 활동이 가능할 수 있었다. 그리고 중앙정계에 진출한 김종직을 비롯한 신진사림은 성종의 지지를 받으며 향촌교화, 유향소 복위와 관련하여 자신들의 목소리를 내기 시작하였다. 그러나 사회적 개혁에 대한 요구와 이상을 충분히 실현하기에 아직 그들의 정치적 기반은 미약한 시기였다. 그렇기 때문에 4차례에 걸친 사화를 거친 후에야 사림파는 비로소 중앙정계에서 확고한 자리를 확보할 수 있었다.

김종직과 그 제자들이 희생된 4차례에 걸친 사화의 다양한 원인 중 하나는 김종직이 제공했다. 물론 근본적으로는 사림파가 중앙정계에 진출했다는 자체가 당시의 정치적 질서를 깨뜨리는 중요한 요인이었지만, 그렇게 훈구파와의 팽팽한 긴장관계를 깨뜨릴 수 있는 빌미를 그가 제공했던 것이다. 그리고 그 빌미는 바로 그가 지은 「조의제문弔義帝文」이었다.

1457년(세조 3) 10월 김종직은 고향 밀양에서 경산京山(지금의 경북 星州)으로 가다가 답계역踏溪驛에서 하룻밤 숙박했는데, 그 날 밤 꿈에 신인神人이 칠장복七章服을 입고 나타나 전한 말을 듣고 지은 글이 바로 「조의제문」이다. 「조의제문」은 '의제義帝를 조상하는 글'이란 뜻으로, 의제는 항우에게 죽음을 당한 초나라 회왕懷王을 가리킨다. 또한 이것은 서초패왕 항우項羽를 세조에, 의제義帝를 단종에 비유해 세조의 왕위찬탈을 비난한 내용이기도 하다. 「조의제문」은 세조 3년에 쓰였지만 정작 문제가 된 것은 41년이 지난, 그래서 그 글을 지은 김종직 역시 이미 사망한 지 6년이나 지난 1498년(연산군 4) 무오년의 일이었다. 그리고 사실은 김종직이 「조의제문」을 지었다는 사실 자체가 문제된 것이 아니라, 그의 제자인 김일손金馹孫이 사관史官으로 있으면서, 이 글을 사초史草에 기록하며 스승을 칭찬한 것이 문제였다. 1498년(연산군 4) 이극돈李克墩·유자광柳子光·노사신盧思愼 등 훈구파의 인물들은 김일손이 「조의제문」을 사초에 기록한 것을 연산군에게 알려, 김일손 등 많은 사림들이 죽고 김종직은 부관참시 당하는 무오사화戊午士禍가 일어났던 것이다. 그렇다면 김종직의 「조의제문」은 어떤 형식과 내용으로 구성되어 있는가?

김종직의 「조의제문」은 다음과 같은 서문으로 시작된다. 여기에서 그는 왜 '의제를 조문하는 글'을 쓰게 되었는지를 설명하고 있다.

> 정축년(1457, 세조 3년)에 나는 밀성에서 경산으로 가다가 답계역에서 하룻밤을 묵었다. 그 날 밤 꿈에 한 신인神人이 칠장복을 입고 의젓한 모습으로 나타나 말하기를 '나는 초나라 회왕懷王(義帝) 심心인데, 서초패왕 항적項籍(項羽)에게 시해되어 침강에 잠겨있다'라고 말하고는 홀연히 사라져 보이지 않았다. 나는 깜짝 놀라 깨어 '회왕은 중국 남방의 초나라 사람이고 나는 동이東夷 사람이니, 땅이 서로 만여 리나 떨어져 있고 시대 또한 천여 년이나 떨어져 있는데 그가 내 꿈에 나타난 것은 대체 무슨 징조일까? 또 역사를 상고해 보아도 강에 던져졌다는 말은 없는데 어찌 항우가 사람을 시켜서 비밀히 살해하여 그 시체를 강에 던졌을까마는 이것도 알 수 없는 일이다'라고 생각하였다. 결국 글을 지어 그를 조상하였다.

김종직이 「조의제문」을 지은 때는 사육신이 주도했던 단종복위운동이 실패한 뒤이다. 즉 단종이 상왕에서 노산군으로 강등된 후 강원도 영월에 유배되어 살해되었던 때이기도 하다. 그러므로 그가 왜 「조의제문」을 지었는지는 이러한 시대적 배경 속에서 분명하게 이해된다. 다음은 「조의제문」의 전문이다.

> 오로지 하늘이 사물의 법칙을 마련하여 우리 인간에게 주었으니, 사대

四大(天, 地, 道, 王)와 오상五常(五倫)을 높일 줄 모르는 사람이 그 누가 있겠는가? 이것을 중국사람에게만 풍부하게 주고 우리나라 사람에게는 인색하게 주지 않았을 것이며, 어떻게 옛날 세상에만 있었고 지금 세상에는 없겠는가? 그러므로 나는 동쪽 나라에서 태어난 사람이고 또 천년 후의 사람이지만, 삼가 초나라 회왕을 조상하노라. 옛날에 조룡祖龍(진시황)이 어금니와 뿔을 휘두르자 사해의 물결이 모두 핏빛이 되었으니, 전어, 상어, 미꾸라지, 고래 같은 고기들이 어찌 스스로 보존하겠는가? 그저 그물에 빠져 나올 것을 생각하여 바쁘게 날뛰었을 뿐이었다. 그 당시 6국의 후손들은 영락零落하여 다른 곳으로 몸을 피해 겨우 평민으로 지냈다. 항량項梁은 남국南國(초나라) 무장의 자손으로 진승과 오광의 뒤를 이어 난을 일으키고, 패망한 왕을 찾아내어 백성의 여망에 따라 제사가 끊겼던 초나라 웅역熊繹(초나라)의 후사를 보존하게 하였다. 건부乾符를 잡고 왕위에 오르니 천하에 진실로 미씨芈氏(초나라의 성씨)보다 높은 이가 없었다. 장자(劉邦)를 보내어 관중에 들어가게 하였으니, 또한 족히 그 인의를 볼 수 있었다. 항우는 모질고 사나워서 행동이 인도에 벗어나고 탐욕스러워서 관군을 함부로 죽였는데도 어찌 그를 잡아서 처형하지 못하였던가? 아아 형세가 크게 그렇지 못하였던 것을 나는 회왕을 위해 더욱 두려워한다. 항우에게 제물이 된 뒤에 후회하였으니, 과연 천운이 어긋난 일이었다. 침郴의 산이 높아서 하늘에 닿으니 햇빛이 뉘엿뉘엿 저물려 하며, 침의 물이 밤낮으로 흐르니 물결이 넘쳐서 돌아오지 않는다. 하늘과 같이 길고 땅과 같이 오랜 한이 그 어찌 다하겠는가? 혼령은 지금도 오히려 정처없이 헤매고 있으리라. 내 마음이 금석을 뚫을 만하였으므로 회왕이 꿈에 보인 것이로다. 주자(紫陽)의 노필법老筆法을 따르려 하지만 생각하건대, 불안하고 조심스럽기

그지 없다. 운뢰雲罍를 들어 술을 땅에 부으니 영령이 와서 흠향하기를 바라노라.

이 「조의제문」에는 김종직의 정신적 지향이 응축되어 있으며, 그것은 곧 그에 의해 형성된 사림파의 이념적 지향이기도 하였다.

영남학맥에 있어서의 위치

일반적으로 정몽주로부터 길재에게로, 길재로부터 다시 김숙자, 김종직 부자로 이어진 흐름을 조선 성리학의 정통 학맥으로 인정하고 있다. 그러나 김숙자, 김종직 부자로부터 직접적으로 그들의 성리학적 특징을 찾기란 쉽지 않다. 왜냐하면 무오사화 등 사대사화를 거치며 김숙자와 김종직 부자의 글들은 모두 불태워져 버렸고, 후세 사람들에 의해 다시 편집된 그들의 문집은 대부분 정치적 이념과 무관한 시문詩文들로 구성되어 있기 때문이다. 따라서 그들의 주자학에 대한 이해와 그 특징을 정확히 파악하는 것은 불가능하다. 다만 영남학맥에 있어서의 영향관계와 그 정신적 지향을 그들의 실천적 행위 속에서 확인할 수 있을 뿐이다.

특히 김숙자가 영남학맥에 끼친 영향은 정몽주와 길재의 계승자이면서도, 조용趙庸·윤상尹祥·김말金末 등 관학파의 인물들과 교류하며 학문적 소양뿐만 아니라 정치적 입지를 넓혔다는 점이다. 이것은 그가 사림에 토대를 두었으면서도 중앙정계를 장악하고 있던 훈구파와 관계를 맺음으로써 그의 아들 김종직이 중앙정계로 진출할 수 있는 토대, 궁극적으로는 사림의 세력이 결집될 수 있는 기반을 닦았음을 의미한다. 또 그는 박홍신朴弘信의 무남독녀와 혼인하면서 처가를 따라 밀양으로 이주하여 이 지역의 문풍을 진흥시켰다.

<그림 46> 추원재追遠齋

선산에서 밀양으로 내려온 김숙자가 처음 거처를 정한 곳이고, 그의 아들 김종직이 태어나 성장한 곳이다. 무오사화와 전란을 겪으면서 허물어진 것을 1810년 중건하였다.

반면 김종직이 영남학맥에 끼친 영향은 관학주도의 유학을 사림중심의 유학으로 옮겨가게 했다는 점이다. 그는 당대 신진 사림의 선두에서 훈구 세력과의 정면 충돌을 피해가며 자신의 입지를 점차 확장하였고 결국 신진 사림의 중앙 정계 진출을 도모하였다. 그는 정치적 역량이 뛰어났을 뿐만 아니라, 선산과 밀양을 왕래하면서 그곳의 문풍을 크게 진작시켰고, 함양과 선산 등 지방수령 재임 시에도 많은 학자들을 길러냄으로써 사림파시대의 본격적인 도래를 준비하였다고 평가할 수 있다.

참고문헌

김영봉, 「점필재 김종직의 관료문인적 성격」, 『연민학지』, 연민학회, 1995.

이원걸, 「김종직의 부에 반영된 유자의식」, 『퇴계학』, 안동대학교퇴계학연구소, 2002.

정종대, 「김종직의 시와 사림의식」, 『선청어문』, 서울대학교국어교육과, 1998.

정상균, 「김종직의 조의제시 연구」, 『고시가연구』, 한국고시가문학회, 2002.

14 표연말表沿沫

생평生平

표연말表沿沫(藍溪, 1449～1498)은 1449년(세종 31) 경남 함양군咸陽郡 효리孝里에서 부친 표계表繼의 세 아들 중 막내로 태어났다. 그의 자字는 소유少游이고 호號는 남계藍溪이다. 본관은 신창新昌으로 그 시조는 표대박이다. 표대박은 960년 경 고려에 귀화하여 신창백新昌伯에 봉해진 후, 그의 후손들이 고려조에서 대대로 벼슬을 했지만 고려가 망하자 절의를 지켜 상주의 함창으로 이거하였다. 표연말의 조부 때부터 다시 벼슬길에 나갔으며 아버지 표계는 상주향교 교수를 역임했고 그의 외할아버지는 당시 사림파계열 학자였던 송홍기宋鴻起였다.

21세인 1469년(예종 1) 생원과 진사시험에 합격하여 성균관에 입학한 표연말은 그 때 처음으로 김종직을 만나 제자의 예를 올리고 사우관계를 맺었다. 하지만 표연말은 선비들이 벼슬길에 오르고자 서로 반목하며 시기하는 데 실망하여 성균관 생활을 마감하고 고향으로 내려와 자연과 벗하며 학문에만 전념하였다. 그 뒤 함양군수로 내려온 김종직이 경상도 감찰사 오백창에게 표연말을 천거했고, 오백창은 다시 표연말을 예조에 천거했지만, 그 간의 사정을 알게된 표연말이 김종직에게 벼슬을 사양하는 편지를 보내기도 하였다. 이때 그는 함양咸陽의 남계藍溪 변에 집을 짓고, 스스로 '남계藍溪' 또는 '평석平石'으로 호號를 삼았다.

1472년(성종 3) 24세 때 식년문과式年文科에 병과丙科로 급제하였다. 벼슬길에 들어선 그는 김종직과 더불어 학문을 논하고 김종직의 제자인 김굉필·정여창 등과 동문으로서 친교를 맺었다. 1475년(성종 6) 27세에 동료들과 나라에서 금한 고기(쇠고기)를 차려놓고 잔치한 일로 파직되기도 하지만 그 이듬해 복직하였다. 1478년(성종 9) 30세에 봉교奉教로 재직할 때 임사홍의 잘못을 밝히는 상소를 올렸다가 산음현山陰縣 초곡동草谷洞에 유배되었지만, 1482년(성종 13) 직첩을 돌려받아 복직復職되어 공조좌랑·장예원掌隷院사의司議·장령掌令·사간司諫 등의 관직을 거쳤다. 1485년(성종 16)에는 서거정의 요청으로 유호인과 함께 『필원잡기筆苑雜記』의 편찬에 참여하기도 하였다.

<그림 47> 남계표연말선생사적비藍溪表沿沫先生事蹟碑

<그림 48> 숭보사崇報祠

경남 의령군 유곡면 마장리에 표연말의 업적을 기리기 위해 세운 사당

1495년(연산군 1) 응교應敎로 춘추관편수관春秋館編修官이 되어 『성종실록成宗實錄』의 편찬에 참여하였고, 이듬해 직제학直提學으로 폐비廢妃 윤씨尹氏의 추숭追崇에 반대하였다. 그 뒤 승지, 대사간을 지냈다. 하지만 소릉昭陵(文宗妃 顯德王后陵) 추복追復에 관한 사실을 사초史草에 적은 것과, 김종직의 행장行狀을 쓸 때 그의 행적을 미화美化하였다는 이유로 1498년(연산군 4) 무오사화戊午士禍에 태형 100대에 처해진 뒤 경원慶源으로 유배 도중 8월 은계역銀溪驛에서 50세를 일기로 사망하였다. 그리고 6년 뒤인 1504년(연산군 10) 갑자사화甲子士禍에서는 다시 부관참시剖棺斬屍 당했다. 중종반정 이후 중종은 직접 제문을 지어 유배지에 잠든 그의 시신을 함창으로 옮겨와 국상으로 장사를 치르게 했고, 1517년(중종 12)에는 이조판서에 추증되었다. 이후

그는 함양咸陽의 구천서원龜川書院, 벽계서원, 함창咸昌의 임호서원臨湖書院, 의령의 숭보사崇報祠에 배향되었다. 문집에는 4권 2책으로 구성된 『남계집藍溪集』이 있다.

주요활동

표연말의 저술은 그가 살아있을 때인 1495년에 이미 화재로 많은 부분이 소실되었고 뒤에 여러 차례의 전란을 겪으면서 남아 있는 것이 드물었다. 현재 전해지고 있는 『남계집』은 후손인 표석준表奭峻과 표인해表仁海 등이 집안에 전해져 내려오던 시문詩文과, 표연말과 관계된 다른 기록들을 첨부해 부록을 만들어 4권 2책으로 편집하고, 장승택張升澤의 서문을 받아 의령의 동산재東山齋에서 1914년에 간행한 것이다. 이 『남계집』 대부분이 시문들이어서 그의 주자학에 대한 이해와 그 내용을 구체적으로 파악하기 어렵지만, 그 중 유일하게 직접적으로 성리학과 관련된 글은 『남계집』 「잡저」에 실려있는 '논학論學'이라는 글이다. 여기에서 표연말은 존덕성尊德性과 도문학道問學의 두 가지 공부의 관계를 논하면서 마차의 두 바퀴처럼, 혹은 새의 두 날개처럼 두 공부를 병행해야 한다는 주희의 주장을 인용하며 전거로 삼고 있다. 그에게 있어 이제 어렴풋하나마 주자학이 단순히 행위의 실천규범으로 이해되는 것이 아니라, 그러한 실천규범의 근거를 규명하는 학문으로 자리 잡아가는 모습이 확인된다.

일상적인 관료생활에서도 그는 이러한 주자학적 이념을 실천하는데 힘썼다. 특히 연산군 시대에 이르러 옳고 그름을 가리려는 그의 신념은 죽음을 무릅쓰고 왕에게 직언하는 17회의 상소문과 차자箚子(간단한 서식의 상소문) 그리고 32회의 계啓를 올렸다. 그 상소문 가운데 연산군에게 올린 오조소五條疏가 유명하다. 내용의 골격은 근호상謹好尙·임대신任大臣·납간쟁納諫爭·신형벌愼刑罰·절사은絶私恩이었다. 이것은 왕이 유희만을 즐기지 말아야 하며, 간신배를 멀리하고 현자를 신하로 삼고, 충신의 옳은 의견을 듣고, 형벌의 시행을 신중히 하며, 개인의 정에 얽매이지 않아야 나라가 바로 선다는 충언이며, 동시에 그와 같이 하지 못하는 연산군을 나무라는 것이기도 하였다.

<그림 49> 예동서원禮東書院

경남 의령군 유곡면 마장리에 있는 표연말의 제향하는 서원

하루는 연산군이 기녀와 더불어 한강에서 뱃놀이를 즐기려 하자 표연말은 군주가 할 일이 아니라면서 만류했지만 이 말을 들을 연산군이 아니었다. 결국 표연말은 노를 빼앗아 뱃머리를 돌리려 하였고, 연산

군은 노하여 뱃사공에게 명해 그를 물에 빠뜨리게 했다. 그러나 연산군도 대신을 물에 빠뜨려 죽일 수는 없어 그를 건져 올리게 한 다음 "왜 물에 빠졌느냐?"고 물었다. 이 물음에 표연말은 "중국 초나라 굴원의 충절을 따르려 했습니다"라고 답하였다. 그 대답에 왕이 더욱 화를 내며 "그러면 굴원을 만났는가?"라고 되물었다. 그러자 표연말은 태연히 "예 만났습니다. 그런데 굴원이 말하기를 '나는 어리석은 왕을 만나 물에 빠져 죽었으나 너는 현명한 왕을 만났으니 좋은 일 많이 하고 오너라'고 말했습니다." 이러한 재치있는 대답에 연산군도 웃고 말았다는 것이다. 한 편의 일화에 불과하지만 그의 재치와 삶의 지향이 드러나는 이야기이기도 하다. 대의와 절의의 사림정신을 그는 직언을 통해 실천하며 영남학맥의 한 획을 형성했던 것이다.

15 홍귀달洪貴達

생평生平

홍귀달洪貴達(虛白亭, 1438~1504)의 본관은 부계缶溪이다. 그의 자字는 겸선兼善이고, 호號는 허백정虛白亭·함허정涵虛亭이며, 시호는 문광文匡이다. 그는 함창의 양적리羊積里에서 세종 20년에 출생했다. 부계缶溪(또는 缶林) 홍씨가 군위에서 함창으로 이주해 온 것은 홍귀달의 조부 때였다. 이 곳에는 15세기를 전후하여 사림의 학자들이 이주해 왔으며, 그 대표적인 가문이 바로 부계에서 이주한 홍귀달 가문이었다. 이 당시 이곳에는 김종직의 문인인 표연말과 함께 사화에 희생된 권달수權達手·권민수權敏手 형제도 살고 있었다.

홍귀달의 어린 시절 그 집안은 그리 넉넉하지 않았으며, 7세를 전후하여 함창현 율리栗里에 살고 있던 김온교金溫嶠에게서 한학을 배우기 시작한 것으로 전해진다. 그는 22세에 진사에 오른 후, 1461년(세조 7) 24세에 강릉별시江陵別試에서 친책과親策科로 급제하였다. 중앙정계에 진출한 후, 홍문관과 예문관의 요직을 두루 거쳤는데, 당시 문형이었던 서거정은 그의 문장을 높이 평가하였다. 1467년(세조 13) 이시애李施愛의 난이 일어났을 때 함경도 절도사 허종許琮의 천거로 병마평사兵馬評事가 되어 공을 세움으로써 공조정랑에 오르고, 1469년(예종 1) 장령으로 춘추관편수관이 되어 『세조실록世祖實錄』 편찬에 참여하였다. 39세인 1476년 명나라에서는 태자를 책립한 후 조선에 사신을 보내 조칙을 반포하였다. 이 때 원접사遠接使였던 서거정의 종사관從事官이 되어 명나라 사신을 대접하였는데, 사신으로 온 호부랑중戶部郎中 기순祁順이 60여 운으로 된 장편의 「등루부登樓賦」를 짓자, 홍귀달은 즉석에서 그것에 차운하여 화답함으로써 그의 문장이 내외에 크게 알려졌다. 당시 중국사신 왕행인王行人은 이 글을 『황화집皇華集』에 실은 것으로 전한다.

1479년(성종 10)에는 도승지로서 연산군의 생모인 윤씨尹氏의 폐비廢妃에 반대하다가 투옥되기도 하였다. 55세에 마침내 성균관成均館대사성에 올라 65세인 연산군 8년에 파직될 때까지 10여 년 동안 문형을 맡았다. 1498년(연산군 4) 무오사화戊午史禍가 일어나자 그는 김일손이 김종직의 '조의제문弔義帝文'을 사초에 실은 것을 알고 있으면서도 왕에게 알리지 않은 것 때문에 좌천을 당하였다. 이 무오사화로 인해 김종직의 제자들을 중심으로 많은 사람들이 수난을 당하였지만, 그는 『성종실록』 편찬 책임을 맡고 있다는 이유로 곧 문형에 복귀할 수 있었다.

하지만 그는 1495년을 전후하여 연산군이 즉위한 이래 언로言路를 넓히고 상벌을 분명히 할 것을 청하는 상소와 차자를 여러 차례 올려 연산군의 심기를 불편하게 만들었다. 그리고 마침내 홍귀달을 '예의를 돌보지 않고 사심을 품고 일한다'고 무고하는 사람이 있어 1502년 삭탈파직되었다.

<그림 50> 양산서원陽山書院

홍문관에서는 작은 죄에 비해 형벌이 지나치게 무겁다고 지적하며, 이것은 대신을 대우하는 이치가 아니므로 그를 신원해 줄 것을 청하였다. 하지만 연산군은 듣지 않고 그를 외직인 경기도 관찰사와 충청도 관찰사로 보냈다가, 1503년 그의 나이 66세 겨울에 함경도 경원慶源으로 유배되었고, 이듬해 6월 22일, 서울로 이송 도중 단천端川에서 사망하였다. 그가 유배된 까닭에 대해서는 그의 손녀(洪彦國의 딸)를 연산군의 세자빈으로 들이라는 왕명을 거역했기 때문이라는 설도 있고, 사망과 관련해서는 사약을 받았다는 설과, 승명관承命官에게 교살당하였다

는 애기도 있다. 이 때 그의 아들도 화를 입어 언충彦忠은 진안으로, 언국彦國은 곽산郭山으로 유배되어 집안은 풍비박산되었다. 그 이듬해에는 남은 두 아들인 언승彦昇·언방彦邦마저도 연좌되어 해도海島로 유배되었다. 하지만 1506년 중조반정이 일어나자 그는 복권되고 이조판서로 추증되었으며, 숙종 때 함창咸昌의 임호서원臨湖書院과 군위군 부계缶溪의 양산서원에 배향되었다.

주요활동

홍귀달은 김종직과 동시대인이며 당대를 대표하던 문장가로 꼽혔다. 그는 홍문관 및 예문관·대제학을 오랫동안 지냈으며, 성현·김종직·조위 등 당대의 석학들과 교분을 가졌다. 그의 이러한 활동은 특히 함창을 중심으로 한 경상도 서북부 지역에서 사림의 뿌리가 굳건하게 내리는 계기가 되었다.

그의 문집인 『허백정집虛白亭集』에는 그가 지은 800여 수의 시를 중심으로 그가 남긴 글들이 실려있다. 사화로 인해 대부분의 저술들이 흩어지고 잃어버렸지만 전해지는 시문을 후손들이 수습하여 몇 권의 필사본으로 전승되어 내려오던 것을, 1610년 외현손 최정호崔挺豪가 구례현감求禮縣監으로 부임하였을 때 전라도 관찰사 정경세鄭經世의 도움을 받아 1611년에 간행하였다. 모두 3권 3책으로 시詩 1권, 문文 2권으로 이루어졌으며, 정경세가 서문序文을, 최정호가 발跋을 썼다.

하지만 이 『허백정집』을 통해서도 그의 주자학에 대한 이해가 어떠했는지, 그 학문의 구체적인 내용이 무엇인지는 분명하게 확인할 수 없다. 하지만 세조 때로부터 연산군 말기까지 계속된 그의 관직생활 속에서 실천으로 보여준 삶은 바로 사림정신의 구현이었다. 특히 연산군의 생모인 윤씨의 폐비를 반대하다 투옥되기도 한 사건과 연산군 시절 두 번이나 발생한 사화의 살얼음판 같은 정국 속에서 직간을 서슴지 않은 일, 그리고 손녀를 세자빈으로 들이라는 왕명에 불복하는 고집 등에서 전형적인 사림의 모습을 볼 수 있다.

<그림 51> 임호서원臨湖書院 구지舊址

사진은 옛 서원 터이고, 그 자리에는 허물어져 가는 3칸 한 채만 남아 있다. 현재 상주시 함창읍 신흥리로 이전 복원하였다.

폐비 윤씨는 1473년 성종의 후궁으로 간택되어 숙의에 봉해진 후 1474년 공혜왕후 한씨가 사망하자 왕비로 책봉되었다. 그리고 왕비로 책봉되던 그 해에 세자 융(연산군)을 낳았는데, 질투가 심해 성종을 난처하게 하였으며, 1477년에는 극약인 비상을 숨겨두었다가 발각되어 왕과 후궁들을 독살하려 했다는 혐의를 받기도 하였다. 그리고 1479년 마침내 왕의 얼굴에 손톱 자국을 낸 일로 폐비되고 말았다. 폐비되기 이전에 그 아들 융은 세자에 책봉되어 있어서, 세자의 친모를 폐할 수는 없다며 대신들이 반대하였지만 받아들여지지 않았다. 윤씨는 폐비된 후 결국 사약을 받고 사망하였다. 겉으로 드러난 사건은 성종의 얼굴에 손톱자국을 낸 것으로 폐비된 것이지만, 폐비윤씨는 13세에 왕위를 계승한 아들 성종을 대신해 수렴청정을 한 인수대비와의 갈등 혹은 권력투쟁에서 패했다고 보는 것이 옳을 것이다. 그리고 이러한 상황에서 홍귀달은 윤씨의 폐비를 반대하며 대의와 명분을 중시하는 사림의 정신을 실천하였다고 볼 수 있을 것이다.

그의 학문은 그의 아들인 홍언충, 홍언국, 홍언승, 홍언방 형제들에게 가학으로 계승되었고, 또 다른 한편으로는 안동의 이현보로 계승되어 시가문학으로 발전해 갔다. 그것은 이현보李賢輔가 『농암집聾巖集』에 "20세에 문광공文匡公 홍선생에게서 경전을 수학했다"는 기록에서 확인할 수 있다. 그를 배향한 임호서원은 대원군 당시 훼철되었고, 서원 뒤에는 홍귀달 · 표연말 · 권달수 · 채수 등 4인의 위패를 묻은 가묘가 있다.

▌참고문헌

강지희, 「홍귀달 시에 나타난 유선적 삶과 허백에의 지향」, 『한문학보』 제11집, 우리한문학회, 2004.

16 정여창鄭汝昌

생평生平

정여창鄭汝昌(一蠹, 1450~1504)의 본관은 하동이고, 자는 백욱伯勗이며, 호는 일두一蠹이다. 그는 1450년(세종 32) 경남 함양의 덕곡리德谷里 개평촌介坪村에서 뒷날 한성부좌윤漢城府左尹에 추증된 정육을鄭六乙의 세 아들 중 장남으로 태어났다. 그의 집안은 누대로 하동에서 살았으나 함양으로 옮겨온 것은 그의 증조부인 정지의鄭之義였다. 그의 부친이 의주통판義州通判으로 있을 때 당시 명나라의 사신 장녕張寧이 11세인 그를 눈여겨보자 정육을이 아들의 이름을 지어줄 것을 부탁하였고, 장녕이 '여창汝昌'이라는 이름을 지어주며, 이름을 풀이한 '설說'을 써주었다고 전한다.

18세 때 부친은 함길도咸吉道 우후虞侯가 되어 이시애李施愛의 난을 평정하다 전사하였다. 난이 평정된 뒤 그는 수습되지 않은 시신들 속에서 아버지의 시신을 찾아 고향 함양에 돌아와 상을 치렀다. 상을 마치자 조정에서 공신의 아들이라 하여 정여창에게 군직軍職을 제수하였으나 그는 "아비의 죽음으로 자식이 영화를 누릴 수 없다"며 끝내 사양했다. 21세 때부터 경기도 이천에 살고 있던 이관의李寬義의 문하에서 수학하기도 하였는데, 경상도 함양에서 경기도 이천까지 어떻게 이관의를 찾아가 배우게 되었는지 분명하지 않지만, 그로부터 적지 않은 영향을 받았던 것으로 전해진다. 이 때를 전후하여 정이程頤의 '하늘과 땅 사이의 한 마리 좀벌레'(天地間一蠹)라는 말에서 취取하여 스스로 '일두一蠹'라 자호自號하였다.

<그림 52> 남계서원藍溪書院의 문루인 풍영루風咏樓

하지만 그의 본격적인 성리학 입문은 그 당시 경상도 함양군수로 부임해 있던 김종직의 문인이 되고 나서였다. 그때부터 그는 시문 중심의 학문경향을 배척하고 도학에 몰두하였다. 31세인 1480년 조정에서 천거를 받아 성균관에서 경서를 강론하도록 맡겼지만, 학문이 완성

되지 않았다는 이유로 나가지 않았다. 1483년(성종 14) 비교적 늦은 나이인 34세에 그는 진사시에 합격하여 성균관에 들어갔다. 그러나 곧 모친상을 당하여 고향에 내려와 3년 간 여막에서 무덤을 지켰다. 그 후 1490년(성종 21) 41세 때에 별시 문과에 급제하여 예문관 검열檢閱을 지내다가 시강원설서侍講院說書로 옮겨 동궁을 가르쳤으나, 뒷날 연산군이 될 세자는 사부인 조지서趙之瑞나 정여창 등을 좋아하지 않았다. 그러자 정여창은 1494년(성종 25) 외직을 자청하여 경상도 안음현감으로 나가 4년 동안 재임하였다. 또 이 기간 동안 그는 그의 학통을 이은 노우명과 같은 걸출한 제자를 길러내기도 하였다.

안음현감으로 재직하던 정여창은 1498년(연산군 4) 동문 김일손이 스승인 김종직의 「조의제문」을 사초에 기록한 것이 발단이 되어 무오사화가 일어나자 김종직의 문도라는 이유로 연좌되어 체포되었다. 그 해 7월 이미 사망했던 김종직은 부관참시 당했고 정여창은 곤장 1백대에 3천리 밖인 함경도 종성으로 귀양 보내졌다. 정여창은 이곳에서 7년 동안 귀양살이를 하면서 이윤검의 아들 이희증과 고숭걸 등의 제자를 기르기도 하였다.

1504년(연산군 10) 4월 마침내 그는 향년 55세로 유배지인 종성에서 사망하였다. 그 후 그의 시신은 가족과 문인들에 의해 수습되어 고향인 함양에 묻혔지만, 그 해 10월 갑자사화의 여파로 그의 무덤은 파헤쳐지고 시신은 부관참시의 화를 당하였다. 그러나 정여창이 사망한 지 2년 만에 중종반정이 일어남으로서 정국은 일변하여 정여창은 신원되었고, 1507년(중종 2)에는 무오사화와 갑자사회에 연좌되어 죽음을 당한 이들의 관작이 회복되었다. 정여창은 통정대부 승정원 도승지 겸

경연 참찬관 상서원정에 추증되었고, 1517년(중종 12)에는 다시 우의정이 증직되었으며, 1575년(선조 8)에는 '문헌文獻'이라는 시호가 내려졌다. 그리고 1610년(광해군 2) 마침내 문묘文廟에 배향되었다. 또한 함양의 남계서원藍溪書院, 거창의 도산서원道山書院, 합천의 이연서원伊淵書院, 상주의 도남서원道南書院, 안의의 용문서원龍門書院, 나주의 경현서원景賢書院, 종성의 종산서원鍾山書院, 아산의 인산서원仁山書院, 하동의 영계서원永溪書院 등에서 제향되었다.

<그림 53> 풍영루風咏樓에서 내려다 본 남계서원藍溪書院

남계서원은 정여창을 제향하기 위해 1552년 세워졌으며, 1566년 사액서원으로 승격되었다. 1597년(선조 30) 정유재란 때 불탄 것을 1603년에 복원하고, 1612년에 중건되었다.

관련되었던 역사적 사건

태종으로부터 세조 때까지 본격적으로 정비되기 시작한 조선의 국가체제는 성종 때에 이르러 완성단계에 들어갔다. 『경국대전』의 반포와 관리들이 실시하던 수조권收租權을 국가에서 직접 시행하는 관수관급제官收官給制 등의 제도가 실시되면서, 조선의 체제는 일정 궤도에 오르게 되었던 것이다. 하지만 다른 한편으로 조선건국으로부터 성종 때까지 약 70여 년 동안 정치적 격변기를 겪으면서 양산된 공신 등으로 인해 권력은 지나치게 훈구세력에 집중되어 있었다. 1469년 왕위에 오른 성종은 세조 이래로 실권을 장악하고 있던 훈구세력을 견제하고, 왕권을 강화하기 위해 1476년(성종 7) 친정親政을 시작하면서 사림세력을 적극적으로 등용하였다. 그리고 이 때부터 정치·경제·사상 등 여러 면에 걸쳐 훈구파와 사림파의 갈등이 시작되었다.

훈구세력은 예종대와 성종 초년에 걸쳐 세조의 비妃인 정희왕후貞熹王后의 수렴청정기간 동안 남이南怡·구성군龜城君 등 반대파를 제거하고 권력을 장악했다. 그러나 이들에게 권력이 집중되면서 절대권력이 절대적으로 부패하듯 그 부패상을 드러내고 있었다. 세종대 이후 훈구관료층에 의한 토지겸병의 확대는 그들의 권력장악과 깊은 상관관계를 가진 것이었다. 반면 사림파는 기본적으로 지방의 중소지주 계층으로, 훈구관료층의 토지겸병에 대해 비판적일 수밖에 없었다. 또한 이들은 사상에 있어서도 사장詞章보다는 주자학적 윤리규범의 실천에 치중하였다. 향사례鄕射禮·향음주례鄕飮酒禮 등의 보급운동과 유향소留鄕所 재건운동을 통해 향촌에서 주자학적 질서를 실현하려 노력했을 뿐만 아니라, 중앙정계에 진출하여 주자학적 이념의 실현을 추구하였다. 이와 같은 사림세력의 정치·경제·사상적 지향은 성종의 왕권강화 노력과 결합되면서 김종직을 시작으로 그 제자들인 김굉필·정여창·김일손 등이 중앙정계에 진출하게 되었던 것이다. 이렇게 사림파가 급속히 성장하자, 권력을 장악하고 있던 훈구세력은 위협을 느낄 수밖에 없었고, 이러한 측면에서 훈구파와 사림파의 대립은 필연적인 것이었다. 그리고 1498년의 무오사화가 그 대립의 본격적인 시작이었다.

사림파는 성종 때부터 주로 사간원·사헌부·홍문관 등에 진출하여 언론과 문필을 담당하면서 유자광·이극돈·윤필상 등 집권 훈구세력을 비판했다. 사림을 중용한 성종의 재위기간 동안 훈구파는 사림파의 이러한 비판에 대해 적극적인 반응을 보이지 못하였지만, 연산군의 즉위를 계기로 상황은 급변하게 되었다. 그리고 마침내 연산군 즉위 4년 만에 첫 번째 사화인 무오사화가 일어났다. 무오사화의 직접적인 도화선이 되었던 것은 김종직의 「조의제문弔義帝文」을 춘추관 기사관記事官이었던 김일손이 사초에 실었던 일이었다. 1498년 『성종실록』을 집필할 실록청實錄廳이 개설되어 편찬이 시작되자 실록청의 당상관으로 임명된 이극돈은 「조의제문」이 세조의 왕위찬탈을 비방하는 것이라고 지목하고 이 사실을 유자광에게 알렸다. 유자광은 노사신·한치형·윤필상·신수근 외에 당시 사림파로부터 탄핵을 받고 있던 외척과 함께 김종직·김일손이 대역부도大逆不道를 꾀했다고 연산군에게 보고했다.

그 결과 연산군은 김일손·이목·허반 등을 보름간 직접 심문한 끝에 김종직과 그의 문인들을 대역죄인으로 치죄했다. 당시 이미 사망한 김종직은 대역의 우두머리로 부관참시에 처해졌을 뿐만 아니라, 생전에 지은 저서들이 불살라졌으며, 그 제자인 김일손·이목·허반·권오복·권경유 등은 처형되었다. 그리고 표연말·홍한·정여창·이주·김굉필·이계맹·강혼 등은 「조의제문」의 내용에 동조했거나 김종직의 문도로서

붕당을 이루어 국정을 어지럽게 했다는 죄로 곤장을 맞고 귀양 보내졌다. 또한 이들을 변호하거나 김종직의 관작만을 빼앗자고 주청한 대간臺諫들도 모두 죄인으로 지목되었고, 어세겸·이극돈·유순 등은 김일손의 사초를 확인하고도 즉시 보고하지 않았다는 이유로 삭탈관직되었다.

이러한 무오사화의 결과 사림파는 큰 타격을 받고 그동안 중앙정계에서 확보했던 입지를 상실하였다. 사화로 대부분의 사림이 처형되거나 유배되었을 뿐만 아니라 연산군의 전횡과 훈구파의 권력장악으로 그들이 확보할 수 있는 자리는 사라져 버린 것이다. 그 뒤에도 연산군과 중종의 재위 동안 사림파는 잇단 사화를 겪으면서 훈구파의 집중적인 견제를 받았다. 그러나 사림은 향촌의 서원과 향약을 기반으로 조선 성리학의 중심으로 자리 잡아 나갔으며, 정치적으로도 선조 때에 이르러서는 국정의 주도권을 장악하게 되었다.

철학사상과 영남학맥에 있어서의 위치

이와 같이 초기 사림파의 인물로 활동하다 사화에 희생된 정여창의 주요저술에는 『용학주소庸學註疏』, 『주객문답설主客問答說』 그리고 『진수잡저進修雜著』가 있었던 것으로 전해진다. 하지만 무오사화 때 후환을 두려워 한 부인이 모두 불태워 버려 현재 전해지지 않는다. 다만 지금까지 전해져 오고 있는 그의 성리학 관련 글에는 「리기설理氣說」, 「선악천리론善惡天理論」, 「입지론立志論」이 있는데, 이러한 단편적인 문장에서 우리들은 그의 성리학에 대한 이해 수준과 학문경향을 대강 짐작할 수 있을 뿐이다. 다만 이 세 편의 글은 1880년대 경상도 현풍 곽효근郭孝根의 집에서 발견한 것으로 학자에 따라서는 정여창 본인의 글인지 의심하기도 한다.

위의 세 글 중에서 「선악천리론」은 북송시대 성리학자인 정호의 '선과 악이 모두 천리의 드러남이다(善惡天理)'라는 명제를 어떻게 이해할 것인지, 그 해법을 모색한 글이라고 할 수 있다. 정여창은 여기에서 결국 "체용의 근원은 같으나 나뉨이 다르며(體用之源同分殊), 선악의 성은 같으나 기가 다른 것임(善惡之性同氣異)"을 주장함으로써 주자학에 부합하는 해석을 내리려 한 것으로 보여진다. 그러나 그의 이러한 주장들은 단편적일 뿐만 아니라, 이해를 도울 다른 저술이 남아 있지 않아 후세에 논란과 비판의 대상이 되기도 하였다.

또한 그는 주자의 중용장구에 나온 '기로써 형상을 이루고 리를 또한 부여했다(氣以成形理亦賦焉)'는 말을 비판하여 "어찌 기 뒤에 리가 있겠는가(安有後氣之理乎)"라고 말했다. 뒷날 권필이나 남효온과 같은 학자들은 정여창의 이 말을 "리기에 선후가 없다(理氣無先後)"는 주자학의 명제를 통해 비판하고 있다. 하지만 어떠한 측면에서든 리의 주재성과 우선성을 긍정하고 있는 정여창의 이러한 관점에서 뒷날 가치론적인 측면에서 리의 능동성을 긍정하는 퇴계학으로 이어지고 있는 실마리를 발견하게 된다.

이 밖에 정여창에게서 주목되는 것은 그의 유명한 반시론反詩論이다. '시詩란 성정性情에서 발로하는 것'이라고 생각한 그는 시로써 성정性情 자체를 갈고 닦고 함양하는 건 몰라도 시詩를 써서 공부하는 것은 성정의 왜곡이라고 주장한다. 그는 평생에 시詩라고는 단 한 편만 남겼을 정도였다. 시는 이성을 갈고 닦는 데 방해가 된다 하여, 그는 시

쓰는 사람을 가까이 하지도 않았다. 이 같은 그의 강직한 성품 때문에 그는 철저하게 풍류와 낭만 등 종래의 사장학적인 면들을 그의 삶에서 배제하려 했다.

<그림 54> 문헌공일두정여창선생추모비文獻公一蠹鄭汝昌先生追慕碑

김종직의 문하에는 많은 유학자들이 배출되었지만, 주자학에 대한 이해에 가장 충실했던 사람은 김굉필과 정여창이라고 할 수 있다. 김종직의 문인중 표연말·유호인·조위·김일손·김맹성 등은 서정적이고 사장적인 면이 강했다. 이에 비해 정여창·김굉필·권오복 등은 서사적이고 성리학적인 사유세계로 접어들었다.

이렇듯 정여창은 김굉필과 더불어 김종직의 문인으로 사림의 기풍을 이 땅에 열어간 사람이다. 조선유학은 이들로부터 비로소 성리학의 본령인 '리기론理氣論'을 통해 우주론과 인성론에 대한 관심을 키워가기 시작하였다. 이것은 단순히 생활윤리규범으로서의 의미, 혹은 매끄러운 문장 중심의 사장학과 경세학의 의미만을 가지고 있던 조선의 성리학이 이제 그 윤리규범의 근거를 되물어 가는 철학적 영역으로 발걸음을 옮기게 되었음을 의미한다.

▮ 참고문헌

최영성, 「일두 정여창의 생애와 학문 역정」, 『동양철학연구』, 동양철학연구회, 2004.

17 김굉필金宏弼

생평生平

김굉필金宏弼(寒暄堂, 1454～1504)은 1454년(단종 2)에 태어나 1504년(연산군 10) 갑자사화에 연루되어 참형에 처해진 사림파의 대표적 인물이다. 그의 본관은 서흥瑞興이고 호號는 한훤당寒暄堂으로 서울의 정릉貞陵(지금의 정동)에서 태어났다. 고려조에 금오위정용중랑장金吾衛精勇中郞將을 지낸 김보金寶가 서흥 김씨의 시조로, 그 후 경상도의 현풍으로 옮겨 근거지로 삼았다. 그의 조부는 의영고사義盈庫使를 지낸 소형小亨이고, 부친은 세조 때에 무과에 급제하여 충좌위忠佐衛 사용司勇을 지낸 뉴紐이며 모친은 청주 한씨였다. 그의 아명은 효동孝童으로, 어려서 성격이 몹시 활달하고 총명했던 것으로 전해진다.

19세 때 조부의 고향 현풍과 가까운 합천에 살던 박예손朴禮孫의 딸과 결혼하여 처가살이하며 시냇가에 한훤당이란 서재를 짓고 글을 읽었는데 이 당호堂號가 그대로 그의 호가 됐다. 그리고 그는 현풍과 합천 그리고 성주 등지를 왕래하면서 그곳의 학자들과 교류하며 학문을 넓혔다. 그가 본격적으로 학문의 길로 접어든 것은 21세에 당시 함양 군수로 내려왔던 김종직의 문하에 입문하게 되면서부터였다. 김종직은 길재의 학통을 이은 아버지 김숙자의 가학을 배웠고 당시 유학자·문장가로서 이름이 높았다. 그는 식량을 싸들고 수개월씩 김종직의 집에 머물면서 학문을 배웠는데 이때 김종직의 권유로 소학을 읽고 크게 깨우쳐서 30세가 되어서야 비로소 다른 책을 읽을 정도였다. 늘 초립草笠을 쓰고 밤늦도록 글을 읽었는데 집안 식구들도 서재를 들여다 볼 수 없어서 연밥으로 만든 갓끈 흔들리는 소리로 그가 글 읽고 있는 것을 알았다고 전해진다.

<그림 55> 도동서원道東書院 현판

도동서원은 김굉필의 학문과 덕행을 기리기 위해 1568년(선조 1) 처음 세워 '쌍계서원'이라 불렀다. 그러나 임진왜란 때 불에 타 없어져 1604년(선조 37) 현재 위치인 대구 달성군 구지면 도동리에 사당을 다시 지었고 1607년(선조 40)에 사액서원이 되었다.

성종 11년 27세의 나이로 생원시에 합격하였으나 그 뒤 문과에 응시하지는 않았다. 그가 처음으로 출사하게 된 것은 경상도 관찰사 이극균李克均의 천거로 남부 참봉이 된 것인데, 그 때 그의 나이 41세 때였고, 그 후 연산군 1년에 전성서 참봉으로 옮겨 6품을 제수 받았다. 이듬해 군자감 주부로 옮겼다가 곧이어 사헌부 감찰이 되었고,

연산군 3년에 형조좌랑으로 옮겼을 때 무오사화를 당하게 되었다.

연산군 4년의 무오사화는 소능복위 상소를 비롯한 사림파의 모든 행위가 「조의제문」과 연결되면서, 결과적으로 왕조의 정통성에 대한 부정 또는 훈구파에 대한 도전으로 간주됨으로써 연산군과 훈구파의 공격을 받게 되었다. 이 과정에서 이미 사망한 김종직과 그 제자들 중 정계에 진출해 있던 인물 대부분이 화를 당하게 되었고, 김굉필 역시 평안도 희천으로 귀양 보내졌다. 이렇게 됨으로써 그의 미관말직 5년의 관직생활도 끝나게 되었다. 그리고 6년 뒤인 1504년(연산군 10)에 일어난 갑자사화의 진행과정에서 김굉필은 새로운 죄목이 추가되어 전라도 순천에서 마침내 효수되고 말았다.

<그림 56> 도동서원의 문루인 수월루水月樓

하지만 그의 귀양살이는 결코 무의미한 것만은 아니었다. 그는 귀양지인 평안도에 성리학을 전파하였고, 한편으로 후일 지치주의至治主義 유학의 태두가 된 조광조를 제자로 맞아 그의 학통을 잇게 하는 기쁨을 누렸던 것이다. 당시 평안도 어천찰방인 부친을 따라와 있던 조광조는 17세의 나이에 위험을 무릅쓰고 대사헌 양희지楊熙止의 소개장을 얻어 죄인의 몸이 된 김굉필을 찾았던 것이다. 뒷날 김굉필은 조광조를 전송하는 자리에서 "우리 도道가 동으로 간다"고 했을 정도로 그의 학문을 칭찬했다.

<그림 57> 옥천서원의 경현문景賢門 현판

중종반정 이후에 복권되어 도승지에 추증되었고, 1517년에는 정광필鄭光弼 등에 의해 다시 우의정이 추증되었다. 문인으로는 조광조·이장곤李長坤·김안국金安國·김정국 등이 있으며, 이들은 16세기 기호사림파의 주축을 형성하였다. 1610년(광해군 2) 정여창鄭汝昌·조광조·이언적李彦迪·이황李滉 등과 함께 문묘에 종사되었다. 또한 아산의 인산서원仁山書院, 희천의 상현서원象賢書院, 순천順天의 옥천서원玉川書院, 달성의 도동서원道東書院 등에 제향되었다. 문집에 『한훤당집』이 있고, 저서에 『경현록景賢錄』, 『가범家範』 등이 있다.

주요활동

15세기 후반은 조선왕조가 여러 차례의 정치적 변란을 겪은 후, 사림파라는 새로운 정치세력이 형성되며 건국 이래 정치권력을 독점하고 있던 훈구파와의 정치적 갈등이 점차 형성되던 시기였다. 영남과 기호 등 넓은 지역에 분포되어 있던 향촌 출신의 사림은 성리학에 대한 이해를 심화시켜가며 성리학적 통치질서의 확립을 위한 노력에도 적극적이었다. 그리하여 사림의 일부는 점차 중앙정계에 진출하여 자신들의 세력을 키워가기 시작하였다. 성종 15년을 전후한 시기에 이르면 사림파 인물의 문과급제와 중앙정계의 진출이 현저하게 늘어났으며, 이를 바탕으로 구제도와 훈구파 중심의 정치체제에 강력한 비판을 가하기 시작하였다. 물론 이것은 훈구세력의 권력독점을 막기 위해 사림파 학자들을 대거 등용한 성종의 안배가 있었기 때문에 가능한 것이었다.

<그림 58> 옥천서원묘정비 玉川書院廟庭碑

옥천서원의 사당인 옥천사 입구에 세워져 있는 묘정비로, 비문은 김굉필과 옥천서원의 연관성을 설명하고 있다.

하지만 성종이 사망하고 연산군이 즉위하자 당시 학계와 사상계에는 변화가 발생하지 않을 수 없었다. 훈구세력의 권력독점을 막기 위해 사림파를 대거 등용한 성종은 세조의 왕위 찬탈을 비난하는 생육신이나 사림파의 인물들에게 관대했다. 그러나 연산군이 즉위한 후, 사림파에서 소능昭陵(단종의 모후인 현덕왕후)의 위호 회복을 주장하고 김종직이 지은 「조의제문」을 김일손이 사초에 기록한 것이 공개됨으로써 사림파에 대한 훈구파의 공격은 본격화되어 마침내 무오사화로 확대되었다. 사림파의 이러한 주장은 세조의 정통성과 그로 인해 등장한 공신들, 곧 훈구파의 정당성을 부정하는 것이었기 때문이다.

<그림 59> 한훤당김굉필선생신도비寒暄堂金宏弼先生神道碑

또한 연산군의 입장에서도 집권세력에 대한 비판을 통해 궁극적으로 왕권의 남용을 견제하려는 사림파의 노력은 왕권에 대한 도전으로 받아들여졌을 것이다. 그리고 무오사화 6년 후인 1504년에 발생한 갑자사화는 표면상 연산군의 생모인 윤씨의 폐비사건과 관련하여 일어났다는 측면에서 무오사화와는 다른 성격을 가진다고 볼 수도 있지만, 궁극적인 공격목표가 사림파에 있었다는 점에서 사실상 동일한 성격을 가진다고 할 수 있다. 이러한 훈구파와 사림파의 정쟁 속에서 참형을 당하고 만 김굉필은 주자학적 이념을 실천하는 데 힘쓰면서 한편으로 문우門友·문인들과 학문을 토론하는 데 열심이었다. 특히 네 살

<그림 60> 환주문喚主門과 도동서원 강당 전경
행사와 교육의 중심 건물인 강당은 앞면 5칸 · 옆면 2칸 반 규모이며 지붕은 옆면에서 볼 때 사람 인(人)자 모양을 한 맞배지붕이다.

위인 정여창鄭汝昌과는 막역한 사이였고 뜻과 학문이 같아서 형제처럼 지낸 것으로 전한다.

하지만 김굉필의 학문세계를 짐작할 수 있는 자료는 찾아보기 어렵다. 무오, 갑자사화를 거치면서 그의 글은 국가에서 몰수하였거나 아니면 가문의 보호를 위해 집안에서 스스로 파기하였기 때문이다. 다만 김굉필이 활동하던 성종시대의 성리학은 실천윤리적 성격이 강하게 나타나던 시기였다. 김굉필이 소학과 대학으로 학문의 기본을 삼은 것 역시 이와 같은 그 당시의 시대적 상황과 무관하지 않은 것이다. 고려 말에 수입된 성리학은 철학적 사유를 토대로 하고 있었기 때문에 학자들 사이에 쉽게 수용되지 못한 반면, 함께 수용된 『주자가례』가 급속

도로 보급된 사실에서도 그 당시 성리학은 윤리규범의 역할에 충실하였다고 볼 수 있는 것이다. 또한 성리서의 보급이 원활하지 못한 당시로서는 윤리규범의 성격이 강한 『소학』의 가르침을 실천적으로 체득해 내는 것에 무게 중심을 두지 않을 수 없었을 것이다.

김굉필은 『소학』을 학문의 출발점이며 기본적인 서적으로 인식했다. 일생동안 스스로 '소학동자'라 자처하며 『소학』의 윤리규범을 실천하는 데 힘쓴 김굉필은 가정을 다스리는 데도 소학의 수기율신修己律身에 기반을 둔 『가범家範』을 지어 실천했다. 그가 가정의 윤리를 지키기 위하여 『가범』을 지은 것은 집안의 규범을 확립하는 것이 나라를 다스리는 근본이 된다는 유교 윤리를 자신의 집안에서부터 실천하기 위한 것이었다. 이것은 당시 사림파의 두 가지 강령이기도 한 『소학』과 『주자가례』에 바탕을 둔 주자학적 실천윤리의 표현이었다. 그의 『가범』에서 나타나는 기본적인 사상은 부자·형제·부부·고부 등 모든 가족관계에서 각자가 자신의 자리를 올바로 지키면 가정의 법도가 바르게 되고 그렇게 각 가정이 바르게 되면 궁극적으로 국가가 안정된다는 것이었다.

뿐만 아니라 그의 『가범』은 자신의 가족들에게만 적용된 것이 아니어서 집안의 노비들에게도 가훈을 하나씩 정해주고 지키게 했다. 또 매달 초하루와 보름에는 집안 식구들을 불러 모아 예절을 가르치고 훈계하는 규칙을 정하기도 하였다. 그는 또 노비들에게도 일정한 직명과 직급을 주고 일을 맡기며 일의 성과에 따라 직급을 승격시키거나 강등시키고 급여에 차이를 두었는데 이것은 당시로서는 유례를 찾을 수 없는 파격적인 것이었다.

소학을 실천하여 효친孝親과 지경持敬의 마음을 실천의 기본으로 삼은 김굉필의 사상은 김안국·김정국 형제와 조광조 등이 계승했는데 김안국은 경상감사가 되자 도내 향교에서 반드시 소학을 가르치도록 하였다. 이후 영남사림에서는 소학을 특히 중시하게 되었고 소학계小學契가 조직되는 등 전국적으로 소학을 읽고 실천하는 운동이 성행하는 계기가 되었다.

<그림 61> 도동서원 사적비

또한 김굉필이 반우형潘佑亨에게 전한 『한빙계寒氷戒』는 무오·갑자사화의 화를 입지않고 전해져 그의 실천적 학문의 특징을 우리에게 전해주고 있다. 이 한빙계는 모두 18개 조목으로 된 짧은 글로서, 몸을 다스리고 사물을 탐구하는 실천 방법을 담고 있다. 구체적인 내용에는 "동정에 변하지 않는 원칙이 있어야 한다", "마음을 바르게 하여 성性을 따라야 한다", "의관을 바로하고 자세를 정중히 하라", "도가와 불교를 배척하라"는 등과 같은 구체적이고 실천적인 수양방법이었다.

김굉필의 실천적 성리사상을 대표하는 글이 『한빙계』라면 그의 우주론은 「추호가병어태산秋毫可並於泰山」이라는 짧은 부賦 형식의 글 속에서 엿볼 수 있다. 그는 여기서 "하나가 양의를 낳은 후에 사물은 만가지로 다르나 그 까닭을 추구한다면 분명하게 그 근본은 같은 것이다. 추호가 비록 작지만 태극을 갖추었고, 태산이 비록 크지만 하늘이 만든 것이다. 그러므로 형이상으로 보면 천지는 하나요, 형이하로 보면 사물마다 모두 무극이라 할 수 있다. 어찌 세상 사람들은 근본을 버리고 말단을 좇아 천차만별로 다른 것인가? 혹 대롱 속으로 하늘을 보며, 혹 송곳으로 땅을 가리키기도 한다"고 말하며 우주의 근원과 현상세계를 설명했다. 그의 이러한 우주론은 문인들에게 계승되어 후일 심성이기心性理氣의 문제에 대한 탐구로 이어졌다고 할 수 있다.

영남학맥에 있어서의 위치

조선 왕조는 유교를 건국이념으로 하여 출발했으나 약 백여 년이 흐르는 동안에도 유학의 철학적 이념을 이론적으로 체계화하지는 못하고 있었다. 고려 말 조선 초에 정몽주鄭夢周 · 정도전鄭道傳 · 하륜河崙 · 권근權近 등 유학자들이 배출되었으나 아직 문장 중심 · 경세經世 중시에 머물렀고, 우주와 인간, 그리고 그 인간의 행위에 대한 근원적인 성찰은 이루어지지 못하였다. 그러나 김굉필 · 정여창에 이르러서는 사장학詞章學과는 뚜렷이 구별되는 새로운 학문의 싹을 발견할 수 있다. 이 때부터 조선성리학은 실천 윤리 중심의 걸음마 단계를 벗어나 철학적인 사유에 접근하게 되었다. 즉 사장詞章을 중시하고 경전을 외우며 역사에 밝은 것이 선비의 교양으로 여기는 경향은 점차 사라지고 새로운 학풍이 태동되기 시작하였던 것이다.

그리고 이러한 학풍은 그의 문인인 조광조趙光祖 · 김안국金安國 · 김정국金正國 등에 의해 계승되었다. 후일 영남학파의 양대지주가 된 이황李滉과 조식曺植이 모두 김굉필을 근세도학지종近世道學之宗으로 받든 까닭도 여기서 비롯된다. 이와 같이 김굉필 자신은 비록 살아서 자신의 뜻을 펼치지 못하고 비극적인 죽음을 맞이해야 했지만, 그 학통을 조광조에게 전함으로써 사림파의 성장과 함께 주자학을 창도한 인물로 자리잡을 수 있었다.

▌참고문헌

장도규, 「한훤당김굉필의 도덕론 고찰」, 『국민윤리연구』, 한국국민윤리학회, 2004.

이병휴, 「조선전기사림파의 추이속에서 본 김굉필의 역사적 좌표」, 『역사교육논집』, 역사교육학회, 2005.

조원래, 「사화기 호남사림의 학맥과 김굉필의 도학사상」, 『동양학』, 단국대학교동양학연구소, 1995.

18 조위曺偉

생평生平

조위曺偉(梅溪, 1454~1503)는 조선 성종 때의 대표적인 문인이자 성리학자였다. 21세에 식년 문과에 급제하여 관계에 들어선 이후 생의 대부분을 관직에 머무르다 무오사화에 연루되어 귀양처인 순천에서 50세의 생을 마감한 인물이다. 그의 본관은 창녕이고 호號는 매계梅溪이며 1504년(단종 2) 지금의 경북 김천 인의동에서 태어났다. 조위의 아명은 오룡五龍이었으며, 서제庶弟인 조신曺伸과 함께 어려서부터 글재주가 뛰어나 여섯 살에 시를 지었던 것으로 전해진다.

하지만 조위의 성리학 입문은 김종직과의 만남에서부터 시작되었다고 볼 수 있다. 그의 나이 10세인 1463년(세조 9)에 누이가 김종직에게 출가하자 그는 자연스럽게 김종직의 문인이 될 수 있었다. 또한 11세에는 종숙부인 조석문曺錫文(1413~1477)으로부터 『소학』과 함께 경서의 이치와 학문하는 방법을 배운 것으로 전한다. 이렇듯 자형姊兄인 김종직과 종숙부인 조석문에게서 유가의 경전과 문장을 배운 조위는

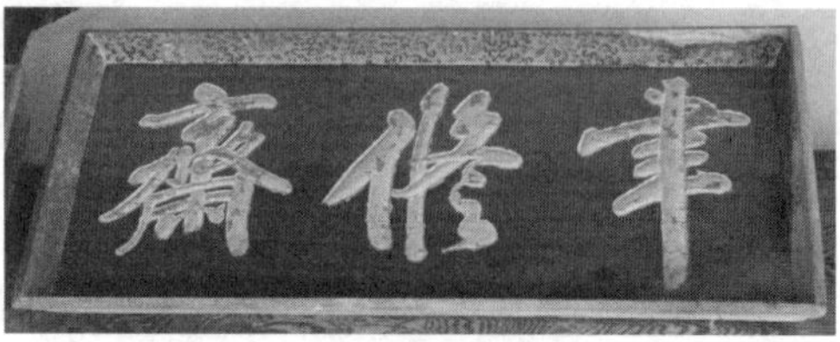

<그림 62> 율수재聿修齋 현판

율수재는 김천시 봉산면 인의리에 있다. 작은 기와집이지만 앞뜰에 아담한 연못이 있고 뒤는 낮은 산으로 둘러싸여 있다.

18세 때 생원과 진사에 거듭 장원급제했다. 그리고 1474년(성종 5) 21세에 문과에 급제하면서 본격적으로 관계에 진출하여, 승문정자承文正字·예문관검열을 거쳐 23세 때 성종의 명으로 호당湖堂에 들어가 사가독서賜暇讀書하였다. 이때 조위는 양희지楊熙止·유호인兪好仁·권달수權達手·채수蔡壽 등과 함께 글을 읽었는데 조위가 제일 나이 어렸다.

그의 뒤를 이어 김일손·강휘 등 김종직의 문하에서 함께 수학한 동문들이 속속 호당에 들어와 함께 학문에 정진하였다. 그 뒤 조위는 25세에 홍문관교리와 박사가 되어 임사홍任士洪을 탄핵했고 이듬해에는 경차관敬差官으로 평안도 삼봉도三峯島의 난민을 수습하기도 하였다. 40세에 호조참판을 거쳐 충청도 관찰사가 되었으며, 연산군 1년인 42세에는 대사성으로 지춘추관사가 되었다. 1498년(연산군 4) 그의 나이 45세에 성절사聖節使가 되어 명나라로 간 사이에 무오사화가 일어나 귀국하는 길인 의주에서 체포되어 투옥되었다.

그는 김종직의 제자라는 점, 성종의 명에 의해 『점필재집』을 편찬하면서 「조의제문」을 가장 앞에 실은 점, 그리고 『점필재집』을 명나라에

<그림 63> 매계구거梅溪舊居 현판

지니고 갔던 점, 이 세 가지로 문책을 당하였다. 하지만 선왕인 성종이 아끼던 충신을 처형하는 것은 도리가 아니라고 이극균이 두둔하여 죽음은 면하고 의주로 유배되었다. 그리고 3년 뒤인 48세에 순천으로 이배되었지만, 곧 병을 얻어 1503년(연산군 9) 11월 유배지인 순천에서 사망하였다. 그가 사망한 이듬해 다시 갑자사화가 일어나 그는 또 다시 부관참시 당하는 화를 겪었지만, 1507년(중종 2)에 신원되고 이조참판에 추증되었다. 1708년(숙종 34)에 이조판서로 증직되었으며, 문장文莊이라는 시호가 내려졌다. 『매계집梅溪集』 10권 5책이 전해지고 있으며, 『신증동국여지승람』과 『동문선』에 그의 시 수십 편이 전한다.

주요활동

조위는 김종직의 처남이자 제자였지만, 성리학보다는 문장에 더 뛰어난 재능을 발휘하였다. 그것은 성종 때에 당나라 시인 두보杜甫의 시를 언해諺解하는 데 문장가이며 한글에 조예가 깊었던 조위가 임명되었다는 사실에서도 확인할 수 있다. 성종이 『두시언해』를 국가적 사업으로 완성하려 한 것은 우국충절의 내용이 풍부한 두보의 시를 통해 세조의 왕위찬탈로 흔들린 민심을 수습하는 데 목적이 있었다. 세조의 왕위 찬탈은 조선의 건국 이념인 주자학의 명분론과 절의정신을 뿌리째 흔들어놓았던 것이다. 28세에 불과했던 조위는 류운겸·의침 등과 함께 『두시언해』를 완성한 후, 그 서문을 쓴 것으로 전한다.

또한 조위는 31세에 부모봉양을 이유로 외직을 자청해 고향 부근인 함양의 군수로 부임하였다. 조선이 개국된 이래 성리학자들은 흔히 위친걸군爲親乞郡을 실천하였는데, 김숙자·김종직을 거쳐 유호

<그림 64> 임청대臨淸臺 비석과 비각
순천에서 귀양살이를 하던 김굉필과 조위가 옥천玉川 변에 돌을 쌓고, 조위가 항상 마음을 깨끗하게 가지라는 뜻으로 '임청대'라 이름 지었다. 1563년(명종 18)에 부사 이정李禎이 이들을 추모하여 그 자리에 다시 비석을 세웠다. 비석의 앞면에는 이황이 친필로 쓴 '임청대'라는 글씨가 새겨져 있고, 뒷면에는 1502년(연산군 8)에 조위가 지은 글을 새겼다.

인 · 조위 · 정여창 등이 모두 부모봉양을 위해 고향 부근의 지방관으로 부임하였다. 이것은 한편으로 주자학적 윤리를 실천하는 길이었고, 또 다른 한편으로는 지방 사학의 진작에 크게 기여했다. 이것은 이들이 부임해 활동했던 함양, 선산, 합천, 의성, 고령 등을 중심으로 사학이 크게 발전하였고, 수 많은 학자들이 배출된 것에서 충분히 알 수 있다.

한편 가정사로 연경에 갔다 돌아오던 조위 일행이 요동에 이르러 무호사화의 소식을 전해 듣고 동행한 아우 조신이 요동의 점술가인 추원결鄒源潔에게 앞으로의 운세를 물으니 '천길 물 속에서 몸을 뒤집고 나왔지만, 바위 아래서 사흘 밤을 보내야 할 것이다'(千層浪裏翻身出, 也須巖下宿三宵)라는 두 구절의 시를 지어 주었다. 그 뒤 조위는 압록강을 건넌 후 목숨을 잃지 않고 귀양길에 올랐으며, 유배 중 순천에서 병사한 뒤 고향에 묻혔으나 갑자사화에 연루되어 다시 부관참시 당해 무덤 앞 바위 아래에서 3일 동안 시신을 거두지 못함으로써 점술가의 예측이 맞아떨어졌다는 일화도 전한다.

<그림 65> 조위선생생가유지비曺偉先生生家遺址碑

뒤에 무오사화에 연루되어 의주로 귀양 간 조위는 몇 평 되지 않는 귀양지에 해바라기를 심고 띠풀로 엮은 작은 정자

를 지어 규정葵亭이라 이름 지었다. 이것은 죽은 성종에 대한 사모의 정을 해를 바라보는 해바라기로 나타낸 것이다. 그 뒤 다시 순천으로 이배된 조위는 서문 밖 옥천玉川 변에 살면서 맑은 물이 흐르고 나무가 우거진 곳에 돌을 쌓고 그 이름을 임청대臨淸臺라 이름 지었다. 그는 이곳에서 유배가사의 효시가 되는 장편가사 「만분가萬憤歌」를 지었고, 『매계총화梅溪叢話』도 집필하였다. 또한 희천에 유배되었던 김굉필이 순천으로 이배되면서 함께 학문을 토론하고 시를 짓기도 하였다.

철학사상과 영남학맥에 있어서의 위치

주지하듯 연산군으로부터 명종에 이르는 약 50년 동안 4차례의 사화가 일어났다. 연산군 4년(1498)의 무오사화와 연산군 10년(1504)의 갑자사화, 그리고 중종 14년의 기묘사화(1519)와 명종 원년의 을사사화(1545)가 그것이다. 김종직을 시작으로 조위와 그 동료들 대부분은 이 사화를 벗어날 수 없었고, 이미 죽은 사람은 부관참시 당했으며, 산 사람은 죽음을 당하거나 유배를 떠나야 했다. 그리고 그 과정에서 그들의 저술들은 대부분 불태워지거나 유실되었다. 조위 역시 성리학 관련 글이 있었지만 사화를 거치면서 유실되어 버렸다. 관혼상제와 관련된 예서禮書를 지었다는 동생 조신의 기록이 전하지만, 그 저술들이 현재 전해지고 있는 것은 아니다. 이렇듯 비록 그의 주자학과 관련된 독립된 저술이 전해지지 않고 있지만 『매계집梅溪集』을 중심으로 그의 학문적 성격을 대강이나마 확인할 수는 있다.

특히 당대 인물들의 조위에 대한 평가는 대부분 뛰어난 문인이었다는 것으로 요약될 뿐, 김종직을 이은 사림의 성리학자 혹은 주자학자로서 그를 이해하거나 평가하는 기록은 보이지 않는다. 그것은 성종 때에 성행하였던 과시課試에서 다섯 차례나 장원을 하였고,『연산군일기』에도 문한관으로서의 역량이 특별히 언급되고 있는 점에서도 확인된다.

『매계집』은 조위의 서제庶弟인 조신曺伸이『연보』와 함께 필사본으로 완성하였다. 그 후 1718년(숙종 44)에 군수 김무金楙가 조위의 5대손 조술曺述이 보존하고 있던 그 필사본을 저본으로 하여 목판으로 간행하였다. 5권 2책으로 이루어진 이 책은 조위의 시 289수를 중심으로 행록 · 묘지 · 묘표 · 제문 등을 수록하고 있다. 이러한 문집의 내용이 보여주듯 조위는 기본적으로 성리학자라기보다는 문인에 가까운 인물이긴 하지만, 길재 · 김숙자 · 김종직으로 이어지는 소학을 중심으로 한 실천적 성리학을 계승한 인물로서의 특징 역시 부정되지 않는다. 그는 그와 같은 실천적 성리학을 현실 관료생활 속에서 덕치론德治論으로 형상화한 특징을 보여준다.『매계집梅溪集』의 기록에 따르면 그는 "도덕은 근본이고 문예는 말단이다. 도덕은 알아보기 어렵고, 재주는 쉽게 드러나기 때문에 재주가 있는 사람들을 모두 어질다고 하지만, 도덕이 없으면 재주가 있다 하더라도 보잘 것이 없다"고 말한다. 이것은 물론 그의 도본문말적道本文末的 문학관을 보여주는 것이다. 하지만 다른 한편으로 이러한 그의 주장이 성종의 면전에서『논어』를 강론하며 제기된 것임을 주목한다면 결국 나라를 다스리는 것 역시 도덕에 토대를 두어야 한다는 덕치론德治論을 강조하고 있는 것으로 이해할 수 있을 것이다.

<그림 66> 도덕문道德門과 매계구거梅溪舊居

1707년(숙종 34) 문장文莊이란 시호諡號가 내려지자 그것을 기념하여 세운 대문이다. 그 대문 뒤로 보이는 집은 조위가 태어나서 공부하고 어린 시절을 보내던 곳을 기념하여 지은 집이다.

조위는 성종 시기 정치와 문학 방면에서 크게 활약하였지만, 연산군 초기에 일어난 무오사화에 연루되어 유배생활 5년여 만에 50세를 일기로 생을 마쳤다. 김종직이 성종 23년에 사망하자 그 이듬해에 그의 처남이자 제자인 조위는 성종으로부터 김종직의 문집을 편찬하라는 명을 받고 『점필재시문집』을 편찬하게 되었는데, 이 때 점필재의 시문 17권을 교정하면서 「조의제문弔義帝文」을 그 첫머리에 실었다. 그리고 42세였던 연산군 원년에 지춘추관사에 임명되어 『성종실록』의

찬수관이 되면서, 같은 동문이자 그 당시 사관으로 있던 김일손이 「조의제문」을 사초에 수록하여 올리자 그는 원문대로 수습하여 『성종실록』을 엮었던 것이다. 그런데 이것이 후일 류자광, 이극형에게 역신으로 물리는 단서가 되어, 그의 삶을 비극으로 몰고 가게 된 것이다.

이렇듯 그는 김종직과 밀접하게 관련되면서 사림파의 핵심적인 위치에 있었지만 전체적으로 성리학보다는 문학과 문장에 더욱 뛰어난 재능을 발휘하였다. 특히 조위를 비롯한 영남 사림은 유배지에서도 활발하게 창작활동을 계속함으로써 훗날 국문학사에 있어서 큰 의미를 가진 유배가사가 탄생할 수 있었다. 또한 그는 당시 사대부들이 일반적으로 지니고 있었던 재도론載道論, 문장소기론文章小技論과 같은 문학관을 가진 것으로 확인된다. 그가 문장의 표현에 있어서 형식이나 기교보다는 내용을 중시하고 역사와 백성의 삶에 깊은 관심을 가졌던 것도 이러한 문학관의 결과일 것이다. 또한 그는 정치현실을 비판하거나 불교에 대한 비판적 태도를 보여줌으로써 사림파의 기본적인 정신적 지향을 보여주기도 하였다.

▌참고문헌

유연석, 「매계조위의 만분가 연구」, 『고시가연구』, 한국고시가문학회, 2002.
이동재, 「매계조위의 문학관」, 『한문교육연구』, 한국한문교육학회, 2000.
김주곤, 「조위의 만분가 연구」, 『한민족어문학』, 한민족어문학회, 1987.

19 손소孫昭 · 손중돈孫仲敦

생평生平

경주지역에는 손소孫昭(1433~1484) · 손중돈孫仲暾(愚齋, 1463~1529) 부자의 출현으로 주자학이 수용보급되었다. 경주 · 월성 지역 성리학을 주도하고 발전시킨 손소 · 손중돈 부자의 본관은 월성(경주)이다. 세종 15년(1433) 청송 안덕安德에서 태어난 손소는 풍덕류씨豊德柳氏 류복하柳復河의 무남독녀와 혼인하여 처가의 재산을 상속받으면서 처향인 현재의 경주시 강동면 양동리로 옮겨왔다. 훈민정음 제작에도 참여했던 손사엄孫士嚴의 둘째 아들로 태어난 그는 사림파의 중심인물인 김종직과 초시 · 대과급제 동기였다. 이 때부터 손소는 김종직과 30여 년 동안 학문을 논하며 우정을 나누었다. 그의 둘째 아들 중돈이 김종직의 문하에서 수학한 것도 바로 이러한 인연 때문이었다.

손소는 1463년(세조 9년) 문예시文藝試에 장원하여 중앙정계에 진출하였는데, 그때 세조는 학문을 천문 · 풍수 · 법률 · 의학 · 음양 · 사학 · 시학 등 7개 부문으로 분류하고 젊은 문신 가운데 재능이 뛰어난

<그림 67> 서백당書百堂

손소孫昭가 1454년(성종 15) 건축한 집으로, 그의 아들인 손중돈孫仲暾과 외손인 이언적李彦迪이 태어난 곳이다.

사람을 뽑아 전념케 하였다. 손소는 의학부문에, 김종직은 사학부문에, 홍귀달은 음양부문에 배속되어 학문을 연구하였다. 그 뒤 손소는 이시애의 난을 평정하고 돌아와 적개공신敵愾功臣 2등에 오르며, 계천군溪川郡에 봉해졌다.

손소는 슬하에 5남 2녀를 두었는데, 그 둘째 아들이 손중돈孫仲暾으로, 어머니 류씨 부인은 이글거리는 태양이 품속으로 들어오는 태몽을 꾸고 그를 낳았다고 한다. 그리고 두 딸 중 하나는 여강이씨驪江李氏 이번李蕃에게 출가하여 두 아들을 낳았고, 그 중 맏이가 바로 이언적李彦迪(晦齋, 1491~1533년)이다.

손중돈은 1463년(세종 9) 경주부 양좌촌良佐村(현재의 경주시 강동면 양동리)에서 태어났다. 전해지는 이야기에 의하면 손중돈이 태어난 서백당書百堂은 혈식군자血食君子(서원에 배향될 수 있는 대학자나 성현) 3명을 낳을 수 있는 명당으로 알려져 있다. 손중돈의 탄생 후 28년 만에 그의 생질 이언적이 이곳에서 태어난 후 아직 남은 한 사람의 성현군자가 배출되지 않았다는 것이다.

<그림 68> 서백당書百堂 현판

1489년(성종 20) 식년문과에 급제하여 예문관봉교藝文館奉敎 등 여러 관직을 지냈다. 1497년(연산군 3) 사복시정司僕寺正으로 있을 때 파직되었다가, 1506년 중종반정 직후 상주목사尙州牧使로 임용된 후, 공조·예조의 참판을 역임하고 1517년 성절사聖節使로 명나라에 다녀오기도 하였다. 그 후 공조판서 등에 이어 도승지, 대사간, 우참찬右參贊 등을 지냈다. 그가 67세를 일기로 세상을 떠나자 경절景節이란 시호가 내려졌다. 경절의 경景은 의리로써 세상을 바로잡았다는 뜻이고 절節은 절의를 지켜 청렴결백의 사표가 됐다는 의미다. 중종 때 청백리에 뽑혔고, 경주慶州의 동강서원東江書院, 상주의 속수서원涑水書院 등에 배향되었다.

주요활동

1497년(연산군 3) 손중돈이 파직되었던 사건은 개인의 비리였다기보다는 연산군이 신하들의 직간直諫을 싫어하여 경연과 사간원·홍문관 등을 없애고, 정언 등의 언관 역시 감원한 것과 관련되어 있다. 그리고 이 파직사건은 손중돈 개인에게 있어서 새옹지마塞翁之馬와도 같은 불운이었다. 왜냐하면 그가 파직된 그 이듬해인 1498년(연산군 4) 무오사화가 일어나고 6년 뒤인 1504년(연산군 10)에는 갑자사화가 일어나 정계에 진출했던 김종직의 제자들 대부분이 처형되거나 귀양 갔기 때문이다. 그가 만약 파직되지 않고 중앙정계에 남아 있었다면 그 역시 이 두 번에 걸친 사화의 변을 벗어날 수 없었을 것이다.

그리고 마침내 1506년 9월 1일, 박원종·성희안·신윤무 등에 의해 중종반정이 일어나 연산군을 폐하고 성종의 둘째 아들인 진성대군을 중종으로 옹립하게 되었다. 이렇게 반정을 통해 왕위에 오른 중종은 연산군의 폐정을 개혁하고 성균관을 중수하였으며, 무오·갑자 두 차례의 사화로 희생된 사람들을 신원伸寃하는 한편, 사림파를 다시 등용하였다. 중종반정 직후 손중돈이 상주목사로 다시 임용된 것도 바로 이러한 역사적 조건 속에서 가능한 것이었다.

이러한 손중돈의 주자학에 대한 이해를 짐작할 수 있는 자료는 남아있지 않는다. 그가 손사엄·손소로 이어지는 가학家學을 전수 받았을 것으로 짐작할 수 있고, 또한 부친인 손소와 오랜 우정을 나누었던 김종직의 문하에서 수학한 것으로 알려져 있을 뿐이다. 따라서 그의 학문이 기본적으로 주자학을 토대로 하고 있음을 짐작할 수 있을 뿐, 그 구체적인 내용은 확인할 길이 없다.

다만 1517년 조한보와 이언적 사이에 무극태극논쟁이 벌어졌을 때, 그 계기를 제공한 것이 바로 손숙돈과 조한보 사이에 먼저 벌어졌던 '무극태극'에 관한 논변이었다. 이 '무극태극'에 관한 논변은 결국 주돈이가 지은 『태극도설』 중에서 특히 '무극이태극無極而太極'이라는 구절을 어떻게 이해해야 하는가라는 문제와 관련되어 있다. 그리고 중국에서는 1183년 주희와 육구연 사이에 이 문제를 가지고 한 바탕 논쟁이 벌어지기도 하였다. 주희와 육구연 사이에 벌어진 '무극태극논쟁'에서 그 논쟁의 핵심에는 크게 네 가지 문제가 있었다. 그 첫 번째 문제는 바로 『태극도설太極圖說』이 과연 주돈이의 저작이 확실한가라는 것이었고, 두 번째 문제는 '무극이태극'에서 '무극'이라는 개념이 필요한가라는 문제이고, 세 번째 문제는 '무극'과 '태극'에서 '극極'이 어떤 의미를 가지는가라는 것이고, 마지막 네 번째 문제는 『태극도설』과 도가학설의 관련성에 관한 문제였다.

<그림 69> 관가정觀稼亭 현판

첫 번째 문제에 대해서 육구연은 『태극도설』이 주돈이의 저작이 아닐 수 있다고 보는 반면, 주희는 주돈이의 저작으로 인정하고 있다. 그리고 두 번째 문제에 대해서도 육구연은 유가에서 무극이란 개념을 사용하지 않았고, 주돈이 자신도 다른 저술에서는 이 개념을 사용하지 않았을 뿐만 아니라, 태극 하나의 개념만으로도 유학의 형이상학적 본체를 지칭하는 데 문제가 없으므로 '태극' 외에 다시 '무극'이란 개념

이 필요하지 않다고 주장한다. 반면에 주희는 '무극'을 말하지 않으면 '태극'이 마치 하나의 물건처럼 이해되어 형이상학적 본체로 이해되지 않는다고 주장한다. 세 번째 문제에 대해서 육구연은 '극'을 중中으로 이해하였다면, 주희는 '극'을 지극至極으로 이해한다. 마지막 문제에 대해서도 육구연과 주희의 의견은 상이해서 육구연은 『태극도설』을 도가의 영향을 받은 것으로 이해한 반면 주희는 '무극'이란 개념이 비록 도가에서 사용된 개념이긴 하지만 그 의미가 다르기 때문에 도가의 영향을 받은 것이라고 단언할 수 없다는 것이다.

<그림 70> 관가정觀稼亭

건물 전체의 평면이 정사각형을 이룬 남향이며, 마당을 중심으로 북쪽에는 넓은 대청, 좌우에는 작은 방들이 있다. 대문간에 붙은 서쪽 방이 사랑이며 잇대어 누각마루가 있고 처마에 '觀稼亭'이라고 쓴 현판을 걸었다.

그런데 이언적은 「서망재망기당무극태극설후書忘齋忘機堂無極太極說後」에서 이 두 사람의 견해를 비판하면서, 손숙돈은 육구연의 주장과 비슷하고 조한보의 주장은 주돈이의 설에 근거한 듯하면서도 그 주장이 높기만 하여 잘못을 범하고 있다고 지적하고 있다. 이러한 이언적의 지적에서 본다면, 조선이 비록 주자학을 그 이념으로 하여 건국되었을 뿐만 아니라 주자학에 대한 광범위한 연구와 이해가 진행되어 왔지만, 손중돈에 이르기까지 주자학에 대한 분명한 이해에 도달하지 못하고 노장이나 불교, 혹은 상산학적 요소를 통해 주자학에 접근하고 있었음을 알 수 있다.

영남학맥에 있어서 손중돈의 보다 중요한 역할은 사실상 학문 외적인 곳에서 찾는다. 즉 손중돈은 일찍 아버지를 잃은 그의 생질 이언적을 양육하고 가르쳐 그가 큰 학자로 성장할 수 있는 토대를 마련해 주었던 것이다. 김종직의 문하에서 함께 수학한 김굉필이 유배지에서 조광조를 키웠다면, 손중돈은 바로 이언적을 키움으로써 각기 기호사림과 영남사림의 큰 흐름이 형성될 수 있었다. 손중돈은 이언적을 상주 등의 임지로 데리고 다니면서 학문을 전수하였던 것으로 알려져 있다. 손중돈이 사망한 후 이언적은 그를 추모하는 제문에서 다음과 같이 기술하고 있다.

> 외삼촌의 넓고 크고 강직한 성품은 이미 타고난 것이어서 덕이 완성되고 행적이 높아 별다른 노력을 하지 않고도 저절로 남의 모범이 되었다. 내가 조금이라도 의義를 안다면 모두 외삼촌이 주신 것이다.

20 김일손金馹孫

생평生平

1498년(연산군 4) 조선 최초의 사화인 무오사화가 일어났다. 그것은 그 당시 사관이었던 김일손이 그의 스승 김종직이 지은 「조의제문弔義帝文」을 사초에 실은 것이 발단이었다. 이 일로 김일손은 극형에 처해졌고, 김일손과 정치적 뜻을 같이했던 영남사림파 상당수가 화를 당하였다. 훈구파의 정치적 공세에 사림파가 처음으로 좌절을 맛보게 된 무오사화, 그 사건의 중심에 김일손이 있었던 것이다.

김일손金馹孫(濯纓, 1464~1498)은 세조 10년 경상도 청도군淸道郡 운계리雲溪里 소미동少微洞(현 이서면 서원동)에서 태어났다. 본관이 김해인 그의 자字는 계운季雲이고 호號는 탁영濯纓이다. 그의 조부인 김극일金克一은 길재에게서 학문을 배웠고, 부친 김맹金孟 역시 가학을 계승하면서, 김종직의 부친인 김숙자에게서 학문을 배웠다. 그리고 김일손이 김종직의 문하에서 학문을 닦았으니 그는 영남사림의 학맥과 깊이 관련되어 있었다.

그는 청도에서 태어났지만, 1471년(성종 2) 8세에 부친이 예문관 봉교로 부임하자 외가와 가까운 경기도 용인龍仁의 압고리鴨皐里로 이사하여 그곳에서 성장하였다. 15세에 성균관에 들어가 독서하였고, 단양 우씨를 부인으로 맞았다. 17세에 양친을 따라 고향으로 돌아온 그는 당시 모친상을 당해 밀양에 내려와 있던 김종직 문하에 들어갔다. 1486년(성종 17) 23세에 청도군학淸道郡學으로 있으면서 생원시와 진사시에 합격하고, 그 해 10월 다시 문과복시文科覆試에 급제하여 승문원정자承文院正字에 임명되어 관료의 길로 접어들었다. 1487년(성종 18)에는 진주목학晋州牧學으로 부임하면서 진주목사와 함께 수계修禊를 조직하기도 하였다. 이듬해에 병을 핑계로 교수직을 그만두고 고향으로 돌아왔다.

<그림 71> 자계서원紫溪書院

김일손의 학문과 덕행을 기리기 위하여 1518년(중종 13)에 건립한 서원이다. 1661년(현종 2)에 사액서원이 되었다.

일 년 뒤인 1489년(성종 20) 예문관 검열이 되었고, 겨울에는 요동질정관遼東質正官으로 명나라에 갔다가 이듬해 봄 귀국하였다. 또한 1490년(성종 21)에는 김종직의 「조의제문」을 사초에 싣고, 그 해 겨울에는 진하사陳賀使 서장관書狀官으로 다시 명나라에 들어가 정유程愈의 『소학집설小學集說』을 들여와 간행하기도 하였다. 1494년(성종 25)에는 편수관編修官으로서 이극돈의 추행醜行을 사초史草에 기록하였다. 1496년(연산군 2) 33세에 소능복위昭陵復位를 청한 후, 사직하고 고향인 운계雲溪로 돌아왔을 때, 모친상을 당하였다.

1498년(연산군 4) 7월 35세에 김종직의 「조의제문弔義帝文」을 사초史草에 실은 일로 국문을 받은 후, 7월 27일 저자에서 권오복權五福·권경유權景裕·이목李穆·허반許磐과 함께 처형되었다. 그가 처형되던 날 천지가 진동하고 벼락이 치고 비바람이 불어와 집의 기왓장을 날렸으며, 특히 그의 고향인 청도 운계의 물은 3일 동안 핏빛으로 변하였다는 일화가 전해진다. 그 후로 운계를 자계紫溪라 불렀으며, 그를 배향한 사당을 자계사紫溪祠라 부르게 되었다.

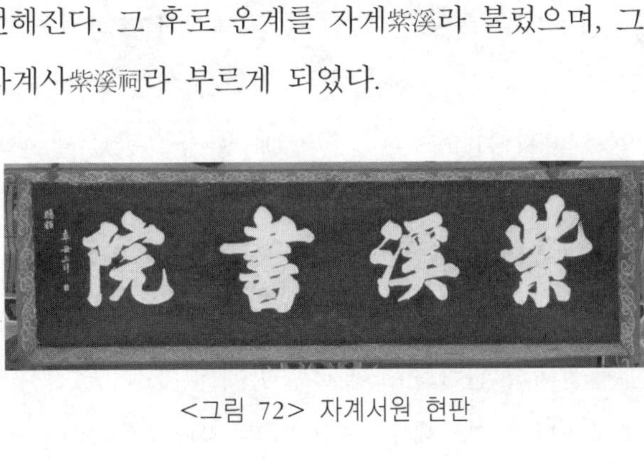

<그림 72> 자계서원 현판

1506년(중종 1)에 신원伸冤된 후 복작復爵되어, 양주楊州의 석교石橋에 가매장되어 있던 그의 묘를 목천木川 작성산鵲城山으로 이장하였고,

1508년(중종 3)에 다시 수야산水也山으로 옮겼다. 1512년(중종 7) 홍문관 직제학에 추증되었고, 1661년(현종 2)에 도승지, 1830년(순조 30)에는 이조판서에 추증되었다. 1518년(중종 13) 청도의 유생들이 김일손이 거처하던 운계정사雲溪精舍를 고쳐 자계사紫溪祠를 세워 배향하였고, 이 자계사는 1661년(현종 2) 자계서원으로 사액되었다. 1834년(순조 34) '문민文愍'이란 시호가 내려졌다.

관련된 역사적 사건

김일손과 직접적으로 관련된 역사적 사건에는 무오사화가 있다. 무오사화는 성종시대에 새로운 정치세력으로 성장한 사림파와 계유정난 이후 정치적 권력을 독점하고 있던 훈구파와의 갈등에서 비롯된 정쟁이었다. 12살 어린 나이로 단종이 즉위 원년인 1453년(단종 1) 세종의 아들이자 단종의 숙부인 수양대군은 계유정난癸酉靖難을 일으켜 안평대군安平大君과 김종서金宗瑞·황보인皇甫仁 등을 제거하고 정권을 잡을 수 있었다. 그리고 권람·홍달손·한명회 등 정변을 이끈 주요인물과 정인지鄭麟趾·한확韓確·최항崔恒·신숙주申叔舟 등 주요관료 등 43명을 정난공신靖難功臣에 책봉하였다. 이들 훈구세력은 세조대를 지나 예종대와 성종 초년까지 계속된 정희왕후貞熹王后의 수렴청정기간 동안 남이南怡, 구성군龜城君 이준李浚 등 반대파를 제거하고 권력을 독점할 수 있었다. 하지만 독점된 절대적 권력은 부패할 수밖에 없듯, 이들 역시 점차 부패상을 드러내게 되었는데, 세조 즉위 이후 지배층에 의한 토지겸병의 확대는 훈구파의 권력독점과 직접적으로 관련되어 있다.

반면 길재吉再로부터 김숙자·김종직 부자를 거치면서 형성된 사림파는 경제적으로 지방의 중소지주 계층이었고, 따라서 이들은 훈구파에 의한 토지겸병의 확대에 대해 비판적일 수밖에 없었다. 뿐만 아니라 이들은 길재의 절의정신을 계승하여 성리학적 실천윤리를 강조하였고, 향사례鄕射禮·향음주례鄕飮酒禮 보급운동과 유향소留鄕所 재건운동을 통해 향촌사회에 성리학적 질서를 실현하기 위해 노력하였다. 이와 같은 사림세력의 정치·경제·사상적 지향은 훈구파에 대한 견제를 통해 왕권을 강화하려던 성종의 노력과 결합되면서 김숙자·김종직 부자를 시작으로 김굉필·정여창·김일손 등 그 제자들이 정계에 진출할 수 있었다. 중앙정계에서 사림파 세력의 확장은 곧 권력을 독점하고 있던 훈구파 권력의 잠식을 의미하는 것이며, 여기에서 훈구파는 위협을 느끼지 않을 수 없었다.

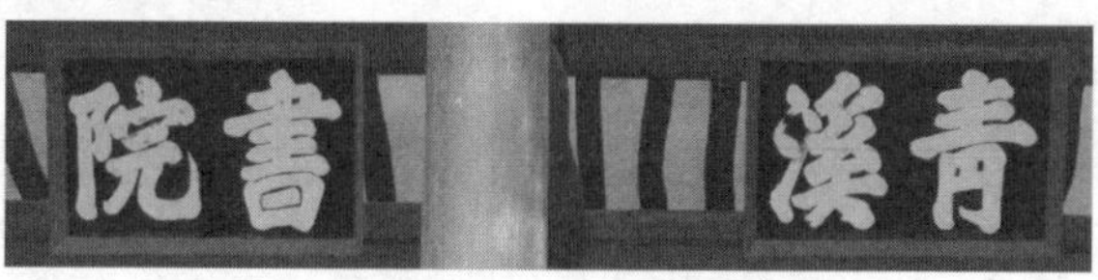

<그림 73> 청계서원青溪書院 현판

김일손이 1495년(연산군 1)에 '청계정사'를 세워 유생을 가르쳤고, 1905년(광무 10) 유림들이 그 터에 유허비를 세웠다. 그 뒤 1915년에 건물을 원래 모습으로 고쳐 '청계서원'이라 하였다.

더욱이 사림파는 성종 때부터 주로 사간원·사헌부·홍문관 등에 진출하여 유자광·이극돈 등 훈구파의 부패상을 비판하였다. 특히 김일손은 단종의 모친인 현덕왕후顯德王后의 소릉昭陵을 복위해야 한다고 주장하였고 당시 훈구파의 중심인물인 이극돈의 비행을 사초에 자세하게 기록하기도 하였다. 사림에 우호적이었던 성종의 재위기간 동안 훈구파와 사림파는 직접적인 충돌 없이 긴장관계를 유지할 수 있었지만, 성종의 사망 이후 연산군의 즉위와 함께 이들의 대립은 훈구파의 일방적인 공격으로 바뀌었다. 그리고 이러한 훈구파의 사림파에 대한 공격에 직접적인 빌미가 된 것이 바로 김종직의 「조의제문」을 춘추관 기사관記事官이었던 김일손이 사초史草에 기록한 일이었다.

조선시대에는 왕이 사망하면 전왕이 생존해 있을 때 기록해 두었던 사초를 토대로 『실록』을 편찬하였다. 김일손 역시 성종 때의 사관으로 그가 지켜보고 들은 내용을 모두 사초로 기록해 두었다. 그런데 이 사초를 토대로 실록을 편찬하는 과정에서 문제가 생겼다. 성종이 사망한 후, 1498년 실록청實錄廳이 개설되어 『성종실록』의 편찬이 시작되자 실록청의 당상관으로 임명된 이극돈은 김일손이 김종직의 「조의제문」을 사초에 기록한 사실을 알게 되었을 뿐만 아니라, 이 「조의제문」이 단종을 몰아낸 세조를 우회적으로 비판하는 것이라고 보고 이 사실을 유자광에게 알렸다.

그가 김일손이 작성한 사초를 공개하게 된 보다 직접적인 이유는 그 사초에 자신과 관련된 내용이 있었기 때문이었다. 즉 성종의 모친으로 성종초기 수렴청정했던 정희왕후의 상喪을 당했을 때 장흥의 관기를 가까이 한 일과 뇌물을 받은 일, 그리고 불교중흥책을 편 세조 때에 불경을 잘 암송해 출세하게 되었다는 등 이극돈의 비행과 치부들이 그 사초에 포함되어 있었던 것이다. 이러한 상황에서 이극돈은 김일손이 작성한 사초를 폐기하기 위해서 유자광에게 김일손이 김종직의 「조의제문」을 사초에 올렸다고 알리게 된 것이다.

이후 유자광은 당시 사림파로부터 탄핵을 받고 있던 외척 등과 함께 김종직과 김일손이 대역죄를 꾀했다고 연산군에게 보고했다. 연산군은 김일손·이목·허반 등을 보름간 직접 심문하여 김종직과 그 문인들을 대역죄인으로 규정했고, 결국 「조의제문」을 쓴 김종직은 이미 사망한 지 6년이 지났지만 대역의 우두머리로 지목되어 부관참시 당했으며 그의 저서들은 불태워졌다. 당시 김일손은 모친상을 당하여 고향인 청도에 내려가 있었지만 한양으로 압송되어 이목·허반·권오복·권경유 등과 함께 처형되었다. 그리고 표연말·정여창·김굉필 등 김종직의 제자들은 「조의제문」의 내용에 동조했거나 국정을 어지럽게 했다는 죄로 장형에 처해진 후 유배되었다. 이 무오사화는 약 50년간 지속된 사화의 시대를 연 시초가 되었고, 사림파뿐만 아니라 전체 조선성리학의 전개와 발전에 있어서 그것은 성장을 위한 통증, 즉 성장통과 같은 것이었다.

영남학맥에 있어서의 위치

이렇듯 35세의 젊은 나이에 참형을 당함으로써 김일손은 성리학 관련 저술이나 그의 학문을 계승한 제자를 남기지 못하였다. 그러므로 당연히 그의 학문적 성격을 직접적으로 분명하게 확인하는 것은 불가능하다. 다만 우리는 그의 사승관계나 활동에서 나타나는 특징을 통해 그 학문적 성격을 대략적으로 그려볼 수 있을 뿐이다.

먼저 확인되는 것은 그의 명분론적 역사의식이다. 그는 사관으로 있으면서 역사 기록을 통해 훈구파의 잘못된 정치를 고발하려 하였고,

이러한 그의 역사의식은 이극돈의 비행과 스승인 김종직의 「조의제문」을 싣는 것으로 나타났던 것이다. 이러한 김일손의 행동은 성리학적 명분론에 토대를 둔 사림의 정신을 실천한 것이라 볼 수 있을 것이다. 전체적으로 김일손은 35세의 젊은 나이로 짧은 생을 마감하였지만, 강직한 사관으로 길재로부터 이어진 사림의 정신을 실천한 인물이었다고 평가할 수 있다.

<그림 74> 자계서원 전경

또한 그는 1490년(성종 21)에 서장관書狀官으로 명나라에 다녀오면서 정유程愈가 지은 『소학집설小學集說』을 들여와 간행하였다. 영남사림파의 중요한 특징 중 하나는 『소학小學』을 학문과 실천의 기본으로 삼았다는 점이다. 길재 이후, 김숙자 · 김종직 · 김굉필로 이어지는 『소학』에 대한 관심은 곧 실천윤리에 대한 관심이기도 하였다. 『소학』은

일반적으로 북송의 주희가 엮은 것으로 알려져 있지만, 사실은 그의 제자 유자징劉子澄이 주희의 지시에 의해 여러 경전에서 어린아이를 교육할 수 있는 일상생활의 예절과 수양을 위한 격언, 그리고 충신과 효자의 사적 등을 모아 편찬한 책이다. 당시 선비들의 필독서였던 사서四書와 오경五經이 유교의 강령을 담고 있는 책이라면, 소학은 이 강령을 쉽게 실천하도록 돕는 구체적인 실천방법을 제시하고 있는 책이다. 이렇듯 『소학』에 대한 관심을 통해 성리학의 실천윤리를 강조한 사림파는 이상적인 유교사회를 건설하려는 수단으로 소학을 기본 필독서로 삼았던 것이다. 그런데 김일손이 명나라의 유학자 정유程愈가 집필한 『소학집설』을 들여와 간행하여 전파시켰다는 사실에서 그 역시 사림파의 주요한 특징을 계승하고 있음을 확인할 수 있다.

무오사화의 대표적인 희생자였던 김일손은 흔히 강직한 사관의 모습으로 기억되고 있다. 하지만 그는 강직한 사관이었을 뿐만 아니라 뛰어난 문장과 현실개혁에도 적극적인 학자였고, 낭만을 즐기는 선비이기도 하였다. 그는 언관의 활동 보장과 지방관의 사관 발탁 등 언론권의 강화를 주장하였을 뿐만 아니라, 지방에서도 법전을 활용할 것과 사원전과 사원 노비의 혁파를 주장하기도 하였다. 또한 국방문제에 대해서는 무예가 뛰어난 문관을 뽑아 변방의 장수로 파송하여 외적의 침입에 대비할 것과 당시 충주·웅천 등에 있던 왜인들의 소란 사건에 대해서는 강력하게 응징할 것을 주장하였다. 뿐만 아니라 연산군 즉위 후에는 대간과 경연관으로 활동하며 적극적으로 왕의 전횡을 견제하기도 하였다. 그는 이렇듯 충직한 기개를 가진 관리였지만 또한 풍류와 낭만을 즐길 줄 아는 선비로 특히 거문고 타는 솜씨가 뛰어났던 것으로 전한다.

참고문헌

신병주, 「김일손 결코 흔들림없는 직필정신」, 『선비문화』, 남명학연구원, 2004.
윤사순, 「탁영김일손의 도학정신」, 『민족문화연구총서』, 영남대학교민족문화연구소, 1998.

21 정붕鄭鵬

생평生平

본관이 해주인 정붕鄭鵬(新堂, 1467～1512)은 1467년(세조 13) 선산군 무을면 상송동(신당계新堂溪)에서 현감 정철견鄭鐵堅의 아들, 당시 이조참판으로 있던 정석견의 조카로 태어났다. 그의 본관은 해주海州이고, 자字는 운정雲程, 호號는 신당新堂이다. 그는 성격이 활달하여 남에게 구속받기를 싫어했고, 성장해서는 김굉필金宏弼의 문하에 들어가 소학을 중심으로 주자학을 배우고 이를 실천하는 데 힘썼다.

<그림 75> 신당정붕선생신도비新堂鄭鵬先生神道碑

1486년(성종 17) 진사가 되고,

26세 때인 1492년(성종 23) 식년문과에 을과로 급제하여 승문원권지부정자가 되었다. 그 뒤 홍문관 교리 수찬, 사헌부 지평 등 언관과 대간의 직책만을 역임하면서 훈구대신의 폐정에 비판을 가하기도 한 그는 청렴한 성품으로 인해 늘 가난하게 살았던 것으로 전한다. 1504년(연산군 10) 교리로 있으면서 연산군의 어머니인 윤씨尹氏의 복위문제와 관련되어 일어난 갑자사화에 연루되어 장형杖刑 40대를 맞고 영덕에 유배되었다. 무오사화·갑자사화로 김종직의 제자들 대부분이 화를 입었을 때, 그는 용케 생명을 보존할 수 있었던 것이다.

<그림 76> 금오서원金烏書院 전경

그의 귀양살이는 그리 길지 않았던 것으로 보인다. 중종반정 이전에 그는 고향 선산으로 돌아와 학문과 제자교육에 몰두했다. 1506년

그의 나이 40세에 중종 반정이 일어나 연산군이 축출된 후, 중종이 왕위에 올랐다. 중종반정 이후 그는 홍문관 교리에 복직되어 상경하던 도중 병으로 사퇴하고 고향으로 돌아왔다. 43세를 전후하여, 다시 중종의 부름에 응해 한양으로 상경하였지만 홍경주洪景舟 등 간신배가 조정에 있음을 보고 낙향한 후 청송부사에 제수되었는데 부임한 지 3년 만인 46세에 임지인 청송에서 사망하였다. 『안상도案上圖』를 지어 스스로 경계로 삼았으며, 선산의 금오서원金烏書院, 개령의 덕림서원德林書院에 재향되었다. 대표적인 문인으로는 박영朴英(松堂, 1471~1540)과 박운朴雲(龍巖, 1493~1562)이 있다.

주요활동

정붕은 김굉필의 제자이며, 후일 지치주의 유학을 연 조광조와는 동문이었다. 그리고 정붕의 고향인 선산은 영남사림을 개창한 길재·김숙자·김종직으로 이어지는 조선 전기 사림의 산실이었다. 김숙자·김종직·부자를 중심으로 그의 문인들이 성종 이후 대거 중앙정

<그림 77> 신당선생사적新堂先生事蹟 책판

계에 진출한 후, 사림의 맥은 선산을 넘어 함양·밀양·합천·성주·의성·청도·경주 등지로 확산되었다.

이렇듯 김굉필에서 박영으로 이어지는 영남사림의 한 맥을 형성하고 있는 정붕이지만, 그의 주자학에 대한 이해가 어떠했는지를 확인할 수 있는 구체적인 기록이나 저술은 전해지지 않는다. 단지 그는 김굉필의 학통을 계승하고 스스로 깨달은 성리학을 체계화하여 『안상도案上圖』를 저술한 것으로 알려져 있을 뿐이다. 선산에 낙향해 있던 시절에 저술한 것으로 추정되는 이 『안상도』는 당시 사람에게는 널리 알려졌던 것으로 보이지만, 임진왜란을 거치면서 산실되어 버렸고, 현재는 전하지 않는다. 따라서 그의 성리학적 성격을 확인할 수 있는 직접적인 자료는 전무한 상황이다. 다만 이황이 『안상도』를 읽고 "선생의 학문이 정밀한 것은 이 그림에서 능히 볼 수 있다"고 평한 기록이 전하는데, 이것으로 보아 그의 학문적 성격 역시 김종직, 김굉필의 학풍을 이어 주자학에 대한 상당한 이해에 도달한 것으로 짐작할 수 있을 것이다.

<그림 78> 신포서당新浦書堂 현판

그와 관련된 일화에서도 대의와 절의를 중시하는 사림의 정신을 실천하는 모습을 발견할 수 있다. 그가 청송 부사로 재임할 때에 중

종 반정의 일등공신이며 영의정을 맡고 있던 성희안成希顔이 잣과 꿀을 보내달라는 편지를 보내왔다. 정붕과 .성희안은 젊어서부터 절친한 사이였으므로 성희안은 안부와 함께 치기 섞인 부탁을 했던 것이다. 그런데 정붕의 답신은 진지하여 "잣나무는 높은 산꼭대기에 있고, 꿀은 민가의 벌통 속에 있는데 부사된 자가 어떻게 구할 수 있겠습니까?"라는 답장을 적어 보내자 성희안은 정중히 사과하지 않을 수 없었다. 대의에 당당하고 진지한 그의 태도는 사림의 정신을 보여주기에 충분하였다.

또한 그는 고향인 선산에서 생활할 때, 늘 농민과 격의 없이 어울리며 생활한 것으로 전한다. 그래서 사람들은 정붕을 가리켜 "들에서는 밭가는 늙은이며, 동해에서는 낚시질하는 늙은이로, 도를 안고 덕을 품고서 낚시꾼과 나무꾼 사이에 섞여 지냈다"고 평했다. 그의 문인인 박영과의 만남도 벼슬에서 물러나 선산에서 생활하던 기간이었다. 정붕과 박영의 나이차이는 겨우 4세에 불과했지만, 박영은 정붕을 스승으로 모시고 학문을 전수받았다. 뒷날 이 두 사람은 사제지간에서 사돈지간이 되었다.

22 이현보李賢輔

생평生平

이현보李賢輔(聾巖, 1467~1555)의 자字는 비중棐仲, 호號는 농암이며 본관은 영천이다. 본래 집안의 세거지는 관향인 영천이지만, 고조부인 이헌李軒이 예안현禮安縣 분천리汾川里로 옮겨왔다. 그는 이곳 분천에서 1467년(세조 13) 7월 인제현감을 지낸 부친 이흠李欽과 모친 안동 권씨 사이에서 태어났다. 9살 때부터 공부를 시작했지만, 놀이를 즐겨 학업에 관심을 기울이지 않다가 1485년 19세에 향교에 입학한 후, 공부에 전념하기 시작하였고, 그 이듬해에는 홍귀달洪貴達의 문하로 들어가 공부하였다.

비교적 늦은 나이인 29세에 생원시에 합격하고, 그 이듬해인 30세에 성균관에 입학하였다. 32세에 문과에 급제한 후, 첫 관직은 교서관校書館 권지부정자權知副正字였다. 권지부정자는 사실상 임시직이며 실무를 익히기 위한 과정이었다. 34세에 임시직이 아닌 첫 관직으로 함경도 영흥부의 향교 훈도라는 종9품에 임명되었지만, 이조전랑 김세필의 추

<그림 79> 긍구당肯構堂 전경

이현보의 종가 별당으로, '긍구당肯構堂'은 『서경書經』에서 인용하였으며, '조상의 업적을 길이 이어 받으라'는 뜻이다.

천으로 이듬해에 예문관 검열로 옮겼다.

1504년에는 사간원 정언이 되었다. 이 때 그가 서연관書筵官이었던 홍자아洪自阿가 세자를 가르침에 소홀한 잘못을 보고하자 연산군은 당일로 보고하지 않고 하루가 지난 뒤에야 보고했다는 것을 트집잡아 그를 안동부安東府 안기역安奇驛으로 유배시켰다. 그가 이렇게 유배된 후 두 달 뒤에 갑자사화가 일어나 그의 스승인 홍귀달 등이 희생되었다. 그 해 12월에 다시 의금부로 압송되었으나 다음해 2월 다시 유배지로 돌아갔다. 1506년 중종반정이 일어난 후, 그는 복직하여 성균관 전적典籍, 사헌부 지평, 예조좌랑, 형조정랑, 사헌부 지평持平 등의 관직을 거쳐 1508년(중종 3) 부모봉양을 위해 영천군수로 부임하였다.

이 때부터 그는 자주 고향에 들르기 시작해, 1510년에는 고향에 명농당明農堂을 세우고, 주위에 못을 파서 영금당影襟塘이라 이름지었다. 또한 명농당의 벽에는 「도연명의 귀거래도」를 붙여 전원으로 돌아갈 뜻을 표현하기도 하였다. 46세에는 농암바위 위에 애일당을 지었는데, 이 애일당은 만년에 이황 등 많은 학자들과 교류하며 기거하던 곳이기도 하다.

그 후 군자감첨정軍資監僉正, 사간원사간司諫院司諫, 밀양도호부사密陽都護府使, 성주목사星州牧使를 거쳐 경상도관찰사, 형조, 호조 참판관 등을 역임하고 지중추부사가 되었다. 그가 완전히 고향에 돌아온 것은 형조참판 때인 1546년 76세 때였다.

<그림 80> 애일당 전경

이현보의 별당으로 1512년(중종 7) 그의 나이 46세 때 부모를 위하여 분강汾江 기슭의 농암聾巖 위에 처음 지었으며, 1548년(명종 3)에 중건하였다. 노부모의 늙어감을 아쉬워하여 하루하루를 아낀다는 뜻에서 당호堂號를 애일당愛日堂이라 지었다.

은퇴 이후 이현보의 삶을 이황은 그의 「행장」에서 이렇게 기술하고 있다.

강호에 돌아온 뒤로는 더욱 개울과 산 사이에 노닐었으며, 흥이 나면 번번이 돌아오는 것을 잊곤 했다. 외출할 때는 꼭 산을 유람할 작은 도구를 지녔는데, 혹은 대지팡이에 짚신을 신고 숲에 들며 봉우리를 오르고, 혹은 가마를 타고 두 종과 함께 들과 개울을 돌아다니니, 농부나 목동들이 보고도 그가 재상임을 알지 못했다. 좋은 사람과 함께 물 하나 돌 하나라도 조금 맑고 그윽한 곳을 만나게 되면, 반드시 나무덤불이라도 깔고 앉아서 득의하여 기뻐했다. 술은 두세 잔밖에 마시지 않았으나 담소를 오래 하여 종일토록 지치지 않았다.

어린 시절 사냥을 즐기며 학업에 관심을 기울이지 않았던 그의 풍류가 만년에 무르익어 표현되는 듯한 삶이다. 그 후에도 조정에서는 몇 차례 벼슬을 내리며 그를 불렀으나 그는 올라가지 않았다. 1555년(명종 10) 6월 89세로 긍구당肯構堂에서 사망한 후, 1557년(명종 12)에 효절孝節이라는 시호가 내려졌고, 1612년(광해군 4)에는 예안의 향현사에 제향되었다. 그의 저술들은 여러 차례 난리를 거치면서 유고遺稿의 상당부분이 산실된 후, 후손들이 집안에 전해져 내려오는 시문들을 모아 1664년 김계광金啓光이 목판으로 간행한 『농암선생문집聾巖先生文集』 5권 2책과 여기에 누락된 글과 관련 기록을 모아 1911년에 간행된 『농암선생속집』 2권이 있다.

주요활동

사실상 첫 관직이었던 함경도 영흥부의 향교 훈도 생활 1년여 만에 사관史官인 예문관 검열로 발탁된 그는 사관이 사초를 기록하는 자리가 임금이 앉아있는 용상龍床으로부터 멀리 떨어져 있어서 신하들과 나누는 이야기를 똑똑히 들을 수 없으므로 사관의 자리를 용상에 가까운 곳으로 옮겨 주기를 청하였다. 그의 청은 받아들여졌지만, 사관인 김일손의 사초 작성과 관련하여 무오사화를 일으켰던 연산군은 사관에 대해 우호적일 수 없었는데, 그러한 상황에서 이현보의 이와 같은 당돌한 청은 상당히 도발적으로 느껴졌을 것이다. 그리고 이 사건이 직·간접적인 계기가 되어 이현보는 안동의 안기역으로 유배되었다.

<그림 81> 농암각자聾巖刻字

'농암선생정대구장聾巖先生亭臺舊庄'이란 글자가 새겨져 있다. 안동댐 건설로 글자부분만 애일당과 함께 현재의 위치로 옮겨 놓았다.

유배된 그 해 12월 이현보는 다시 한양의 의금부로 압송되었는데, 사관의 자리를 임금 가까이로 옮겨 달라고 요청한 일을 재조사하라는 연산군의 명이 있었기 때문이다. 하지만 그는 두 달여 만에 별탈 없이 유배지인 안기역으로 되돌아갈 수 있었다. 그가 무사히 의금부를 나설 수 있었던 것은 석방자 명단을 지목하던 연산군이 이현보의 이름을 기억하지 못하고, 다른 사람을 석방한다는 것이 잘못되어 이현보를 지목하였던 것으로 전한다. 이와 같은 살얼음판과 같은 정계를 경험한 이현보는 일찍부터 고향으로 돌아가기를 희구하였으며, 그가 지은 다음과 같은 「효빈가」는 바로 이러한 삶에 대한 희구를 담고 있다.

귀거래歸去來 귀거래 말 뿐이요 가는 이 없네
전원이 장무將蕪하니 아니 가고 어쩔고
초당에 청풍명월이 나명들명 기다리나니

또한 그의 호號인 '농암聾巖'과 관련하여 그는 다음과 같은 「농암가」를 지었는데 이것은 1542년 그가 고향으로 돌아와 지은 것이다.

농암聾巖에 올아보니 노안老眼이 유명猶明이로다
인사人事가 변한들 산천잇단 가샐가
암전巖前에 모수모구某水某丘이 어제 본 듯 하얘라

본래 농암聾巖은 이현보의 고향집 가까운 곳에 있었던 바위로, 바위 아래를 흐르는 강물 소리가 요란하여 옆 사람의 말소리도 잘 들리지 않는다고 해서 그 이름을 '귀먹바위'라고 불렀다. 이 '귀먹바위'를 한자로 옮기면 바로 농암聾巖이며, 이 바위의 이름을 이현보는 자신의 호號로 삼았다. 이렇듯 이현보가 농암을 자신의 호로 사용하기 시작한 것은 연산군 시절 안동부 안기역으로 유배를 다녀 온 이후로,

조정의 일에 대해 귀머거리처럼 지내겠다는 뜻이 담겨 있다고 전한다. 사실 그는 중종반정 이후 복권되었지만 대부분의 관직생활을 지방관으로 근무하였고, 이 때부터 중앙정계의 추이에 대해서는 일체 간여하지 않았다. 이것이 그가 사화의 시대를 살아가면서도 큰 화를 당하지 않았던 이유이기도 하였다.

그리고 바로 이러한 이유 때문에 그는 사림파답지 않게 지나치게 소극적이었다고 비판을 받기도 한다. 특히 기묘사화를 전후하여 다른 동료들이 화를 입을 때 적극적으로 나서 그들을 변호하지 않았을 뿐만 아니라, 김안로와 윤원형 등이 정권을 잡고 있는 동안 우부승지 등의 고위직을 역임하며 계속 승진을 거듭한 것은 소극적으로나마 그들에게 동조한 것은 아니었나 의심하는 것이다.

하지만 『논어論語』 「자로子路」편에서 공자도 "중도를 실천하는 사람을 얻어 함께 할 수 없다면, 나는 반드시 광狂과 견狷을 택할 것이다. 광자狂者는 앞으로 나아가 얻는 사람이고, 견자狷者는 하지 않는 것이 있는 사람이다"(不得中行而與之, 必也狂狷乎. 狂者進取, 狷者有所不爲也)라고 하였다. 사림의 정신을 실현하기 위해 적극적으로 제도를 개혁하고 혁신을 추진하는 것만이 유학자의 길은 아니다. 중도를 실천하는 것에는 미치지 못하지만, 적극적인 사회적 실천만큼이나 소극적으로 자신의 몸가짐을 지켜 가는 것 역시 중요한 일이고 덕목이다. 말할 수 있는 직책이나 위치, 혹은 말하더라도 그것이 받아들여질 상황이나 조건이 아닐 때 침묵할 수 있는 것 그것이 바로 견자狷者의 지혜이기도 하다.

철학사상

이현보와 그의 삶을 성리학과 분리시켜 이해할 수는 없을 것이다. 그러나 그의 모습은 엄숙하게 성리학의 이론적 탐구에 몰두하는 학자보다는 한 시인으로 우리에게 각인되어 있다. 그의 문집인 『농암선생문집』 역시 성리학에 대한 이론적 탐구를 그 주 내용으로 한 저술이 아니라, 120여수의 시조와 강호가곡을 그 중심 내용으로 하고 있다. 그렇다면 성리학자로서 그의 이러한 문학에 대한 혹은 시와 가곡에 대한 관심을 어떻게 이해해야 할까? 그것은 이현보 자신의 개인적인 삶의 지향이나 재능 등이 중요한 작용을 했을 수도 있지만, 또 다른 한편에서의 접근도 사실상 무의미한 것은 아니다.

이현보는 무오사화가 일어나던 해에 과거에 급제하였고, 갑자사화가 일어나기 두 달 전에 안동 안기역으로 유배되어 더 큰 화를 면할 수 있었으며, 또한 기묘사화가 일어날 때는 지방관인 안동대도호부사로 있으면서 그 바람을 피해갈 수 있었다. 마지막 사화인 을사사화는 그의 나이 79세에 관직에서 물러난 후 일어났다. 이렇게 4대 사화가 일어난 시기와 거의 일치하는 시기에 관직생활을 했으면서도 그는 사화의 직접적인 피해를 입지 않았다.

하지만 직접적인 피해를 입지 않았다고 해서 그러한 사화가 이현보의 삶과 무관한 것이라고 볼 수는 없다. 사화라는 정치적 사건들을 겪으면서 이현보의 삶과 이념 역시 어떤 방식으로든 굴절을 겪지 않을 수 없었을 것이다. 그가 관직생활 가운데 늘 귀향을 꿈꾸며, 만년에는 강호의 삶을 살아갔던 것 역시 그러한 굴절의 소산이라 여겨진다.

실제로 연산군 시대의 무오사화와 갑자사화, 그리고 그 뒤를 이은 기묘사화와 을사사화를 거치면서 사림은 크게 위축되었고, 성리학과 그 관련 서적이 도리어 화를 불러들인다는 생각으로 기피하는 풍조가 등장하기도 하였다. 그리고 이러한 시대적 환경 속에서 벼슬에 대한 미련을 버리고 은거하여 학문에만 전념하는 풍조 역시 등장하였는데 그 대표적인 인물들이 바로 서경덕(화담花潭, 1489~1546)과 그 제자들이었다. 비록 이현보는 거의 평생을 관직에 몸담았지만 그 정신적 지향에 있어서는 사실상 이들과 유사하였다.

<그림 82> 농암가비聾巖歌碑

도산서원 진입로 입구에 세워져 있다.

산야에 묻혀 독서삼매를 즐기는 유유자적한 삶을 살아가거나, 아니면 만년에 벼슬을 사직하고 전원에 묻히는 이러한 풍조에 의해 등장한 일군의 학자들을 흔히 산림학파山林學派라 부른다. 이들은 세속을 잊고 강호江湖 즉 산천에 뜻을 붙여, 아침의 꽃과 저녁달(花朝月夕)에 마음을 팔기도 하고, 때로는 맑은 강변에서 어부 아닌 어부가 되어, 벗과 술을 나누고 시를 노래하는 생활을 했다.

그리하여 이들 산림학파들에 의해 자연은 새롭게 이해되고, 문학에 있어서도 새로운 사조가 등장하기 시작하였다. 그리고 이러한 사조의 완성된 형태를 우리는 이현보에게서 발견할 수 있다. 특히 이현보의 강호가곡은 우리나라 시가사상 최초로 자연이 문학의 주제로 등장하는 계기가 되었고, 이후 시가문학의 주류를 형성한 시조, 가사의 발달을 촉진시킨 획기적인 사건으로 평가되고 있다. 강호가곡이란 조선의 사대부들이 강호자연에 묻혀 자연의 섭리와 인간의 도리를 성리학적 이념 위에서 노래하고 그 아름다움을 읊은 국문학의 한 사조였다. 이것은 성리학적 자연관을 토대로 해서 형성된 것이며 우리 문학사에 있어서 가장 체계적인 이론적 토대를 가진 것이기도 하였다. 따라서 이현보의 강호에 대한 동경은 벼슬살이에 대한 염증이나 현실세계에 대한 저항, 혹은 일정부분 노장이나 불교의 영향으로부터 등장하였다고 말할 수 있겠지만 그의 강호에 대한 동경이 현실에 대한 부정이나 그것을 초월하기 위한 것이 아님은 분명하다.

이현보의 이러한 강호가곡은 이후 이황의 「도산십이곡陶山十二曲」, 권호문權好文의 「독락팔곡獨樂八曲」과 「한거십팔곡閑居十八曲」, 이숙량李叔樑의 「분천강호가汾川江湖歌」, 이시李蒔의 「조주후풍가操舟候風歌」와 「오로가烏鷺歌」로 계승되어 사대부들이 갖추어야 할 하나의 교양으로 자리잡게 되었다.

영남학맥에 있어서의 위치

강호가곡의 창시자로 꼽히는 이현보가 영남학맥에 있어서 어떤 위치에 있었고, 또 어떤 역할을 담당하였는가라는 물음을 던진다면, 그 대답은 퇴계학파의 형성과정에서 찾을 수 있을 것이다. 무오사화와 갑자사화를 거치면서 영남의 사림은 재기하기 어려운 심각한 타격을 입었고, 그러한 상황에서 이황과 그 제자들이 등장하여 퇴계학파를 형성할 수 있었던 문화적 토대를 그가 일구어냈던 것이다. 이것은 결국 영남의 사림파와 퇴계학파를 연결시켜주는 역할을 그가 수행하였다는 것을 의미한다.

하지만 이것이 이현보가 주자학적 이론에 대한 체계적인 이해와 그것의 실천에 있어서 주도적인 역할을 담당하였다는 것을 의미하는 것은 아니다. 다시 말해서 이현보 자신의 주자학에 대한 이론적 이해 이전에 그는 이황 개인의 정신적 의지처, 혹은 퇴계학파의 문화적인 토대가 되었다는 것을 의미한다. 그리고 이현보의 이와 같은 역할은 그것만으로도 충분한 의미를 가지는 것이기도 하다.

현재 농암聾巖 이현보李賢輔가 생활하던 곳인 도산면 분천동은 안동댐 건설과 함께 수몰되어 버렸고, 애일당愛日堂은 도산서원 입구의 산기슭에 옮겨 놓았다. 그리고 그를 배향하는 분강서원汾江書院 역시 도산면 운곡동으로 이건하였으며, 농암바위는 그 바위에 새겨져 있던 '농암선생정대구장聾巖先生亭臺舊庄'이란 글자가 새겨진 부분만을 절단하여 애일당 아래에 옮겨 놓았다. 그는 「농암가」에서 "인사人事가 변한들 산천잇단 가샐가"라고 노래하였지만, 인간사도 변하였고, 산천도 이미 그 산천이 아닌 것이다. 이렇듯 인사도 변하였고 산천도 변하였지만 우리는 여전히 그의 노래를 기억하고 있다.

▮ 참고문헌

성호경, 「농암이현보의 삶과 시가」, 『진단학보』, 진단학회, 2002.

김종열, 「영남 시조문학의 형성 배경과 사상에 관한 연구 : 우탁·이현보·이황을 중심으로」, 『퇴계학』, 안동대학교퇴계학연구소, 1989.

23 박영朴英

생평生平

박영朴英(松堂, 1471~1540)의 본관은 밀양이고 호는 송당松堂이다. 그는 성종 2년(1471) 태종의 장남이자 세종의 맏형인 양녕대군의 사위인 박수종의 아들로 한양에서 태어났다. 박수종은 당시 선산 생곡동에 거주하고 있었는데, 그가 한양에서 태어난 것은 그 모친이 친정에서 출산했기 때문인 것으로 짐작된다. 이렇듯 박영은 양녕대군의 외손으로 부유한 가정에서 태어났지만 그의 어린 시절은 불행했다. 그것은 그가 5세 때에 부친이 사망하고, 7세에 모친이, 9세에는 조모가, 12세에 조부가 세상을 떠남으로써 고아가 되었기 때문이다. 그래서 그는 양녕대군의 슬하에서 성장하였다.

그는 성격이 활달해서 남에게 구속받는 일을 싫어했으며, 새를 좋아한 그는 비둘기와 할미새를 사러 17세에 상존시사上尊諡使 이세필李世弼을 따라 요동까지 다녀오기도 하였다. 또한 무예에 뛰어났던 그는 21세에 여진족을 토벌하는 도원수 이극균李克均을 따라 건주위建州衛

정벌에 참가해 공을 세우기도 하였다. 그 이듬해에 건주에서 돌아와 가겸사복假兼司僕이 되었지만, 성종의 훈계를 받고는 무과에 응시해 사복司僕이 되었다. 26세인 1496년(연산군 2) 병으로 사직한 후, 선산 낙동강변 태조산 기슭에 '송당'을 짓고 성리학 공부를 시작하였다. 이때 즉 그의 나이 30세를 전후하여 스승인 정붕을 만났으리라 짐작된다.

40세 때인 1510년(중종 5) 삼포三浦 왜란이 일어나자 창원부昌原府 조방장助防將으로 창원 전투에 참전하여 난을 진압했다. 이어 황간현감과 강계부사를 지낸 후, 48세 때인 1518년(중종 13) 좌부승지에 올랐고, 그 이듬해에는 병조참판이 되었지만 병을 핑계로 사직하였다. 그 해에 다시 성절사로 중국에 다녀오다 기묘사화로 탄핵을 받고 김해부사로 좌천되었다. 그는 이듬해에 경주부윤 류인숙과 함께 모반혐의로 체포되어 중종의 친국을 당했지만 석방되었다. 그후 그는 16년 간 오직 신병을 치료하고 학문과 저술에 몰두했다. 68세 때인 중종 33년 다시 경상좌병사에 임명됐으나 이듬해에 사망하였다. 영조 때에 이조판서로 추증되었고, 시호는 문목文穆으로, 선산善山의 금오서원金烏書院, 황간黃澗의 송계서원松溪書院에 배향되었다. 문인으로는 박경朴耕 · 이직李直 · 박운朴雲 · 김취성金就成 · 김취문金就文 · 신계성申季誠 · 박소朴紹 등이 있다.

주요활동

박영은 보기 드물게 문무를 겸비한 성리학자로 당대에 기호지역의 조광조에 비할 수 있는 영남사림이라는 평을 받았던 인물이다. 따라서 그의 주자학에 관한 이해 역시 상당한 수준에 이르렀던 것으로 짐작된다. 하지만 그의 성리학관련 저술 대부분은 임진왜란을 거치면서 산실되어 전하지 않는다. 다만 그가 주자의 백운동학규를 주해하고 정리한 『백록동규집해白鹿洞規集解』는 조선 중기 주세붕과 이황을 중심으로 전개된 서원건립운동의 이념적 선구가 되었다는 점에서 큰 의미를 가진다. 박영이 꿈꾸었던 서원건립은 주세붕周世鵬에게 이어져 실현되었으며, 조선 최초의 백운동서원白雲洞書院이 건설될 수 있었다. 이 밖에 박영은 의술분야에서 다양한 의학 관련 서적을 수집하고 자신의 경험을 첨가하여 『경험방經驗方』과 『활인신방活人新方』을 저술했지만, 이들 서적 역시 현재 전해지지 않는다.

<그림 83> 송당박영선생신도비松堂朴英先生神道碑

또한 박영에 대해 논할 때 언급하지 않을 수 없는 것이 그가 기묘명현에 속한다는 사실이다. 기묘명현이란 기묘사화에 희생된 학자들을 가리킨다. 중종반정에 의해 왕위에 오른 중종은 무오사화와 갑자사화에 희생된 사람들을 신원伸寃하고, 명망 있는 사림파를 다시 등용하였고 그 중심에 김굉필의 제자인 조광조가 있었다. 조광조는 중종의 지지하에 지치주의에 입각한 왕도정치를 실현하기 위해 노력하였다.

하지만 이들 사림파가 중앙정계에 진출하면서 중종반정 공신들 가운데 76명이 뚜렷한 공로 없이 공신이 되었다고 주장하며 그 공훈을 삭제하는, 위훈삭제僞勳削除사건이 발생하게 된다. 이렇게 사림파의 도

<그림 84> 송당정사松堂精舍

전을 받은 훈구파에서는 홍경주의 딸이 중종의 후궁인 것을 이용하여, 궁중 동산의 나뭇잎에 꿀로 '주초위왕走肖爲王'이라 쓴 뒤, 이것을 벌레가 갉아먹어 글자 모양이 나타나게 만들었다. '주走와 초肖'를 합치면 조趙 자가 되기 때문에 결국 '주초위왕'은 곧 '조趙씨 즉 조광조가 왕이 된다'는 뜻이었다.

이것을 기화로 훈구파에서는 도학정치에 염증을 느낀 중종과 손을 잡고 신무문神武門 고변사건을 일으켜 사림을 일거에 숙청하여 조광조를 능주綾州로 귀양 보내 사약을 내리고, 김정金淨 · 기준 · 한충 · 김식 등은 귀양 갔다가 사형 또는 자결하였다. 김구 등 수 십 명도 역시 유배되고, 이들을 두둔한 김안국金安國 · 김정국金正國 등은 파직되었다. 이때 희생된 40여 명을 기묘명현己卯名賢이라 한다.

이 기묘명현에는 영남사림파의 인물이 많지 않다. 그것은 한편으로

<그림 85> 송당정사松堂精舍 현판

무오·갑자사화의 직접적인 피해를 본 영남사림이 이 때까지 그 세력을 회복하지 못했음을 의미한다. 또한 앞의 두 사화가 김종직을 비롯한 그 직계제자들을 중심으로 화가 미쳤다면, 기묘사화의 중심인물은 조광조와 그 주변인물들이다. 기묘명현의 대부분이 과거시험보다는 현량과를 통한 천거에 의해 관계에 진출한 인물임을 상기한다면, 이들의 관계진출과 관련하여 조광조의 역할을 짐작할 수 있고, 이러한 측면에서 그들은 정치적 운명을 함께 했다고 볼 수 있을 것이다.

박영은 조광조의 천거에 의해 관직에 나가지도 않았고, 조광조의 개혁정치에 적극적으로 참여한 것으로 판단되지 않는다. 하지만 김종직·김굉필·정붕으로 이어지는 학통 관계가 그를 기묘사화의 탄핵으로부터 벗어나지 못하게 한 것으로 여겨진다. 하지만 그는 다른 사람에 비해 비교적 가벼운 처벌인 김해부사로 좌천되었다.

김해부사로 있을 때의 일화도 전해진다. 박영이 하루는 동헌에 앉아 있는데, 여인의 울음소리가 들려 급히 그 여인을 잡아오게 하여 그 자초지종을 물으니, 그 여인은 남편이 아무 병도 없이 급사하였다고 답하였다. 다시 평소 남편과의 관계를 물으니 여인뿐만 아니라 증인들까지 모두 부부가 금실이 좋았다고 증언하였다. 하지만 박영은 남편의 시신을 옮겨오게 한 후, 자세히 살피게 하니 배꼽에서 굵은 죽침이 나

<그림 86> 송당선생문집 책판

왔다. 이렇게 하여 정부情夫와 짜고 남편을 살해한 여인의 죄가 밝혀지게 되었다. 주위에서 그것을 어떻게 알게 되었는가 물으니, 박영은 처음에 곡성을 들으니 슬퍼서 우는 소리가 아닌 듯하였고, 데려와서 이것저것을 물어보니 슬픈 표정을 짓기는 하였지만 두려워하는 모습이 역력하여 알아차렸을 뿐이라고 답하였다. 이 외에도 박영은 문무를 겸비한 인물답게 도적떼를 물리치고 사람을 구한 일화 등이 전해온다.

▌참고문헌

이종호, 「선산의 송당학풍과 퇴계의 비판적 태도」, 『인문과학연구』, 안동대학교 인문과학연구소, 2001.

24 권벌權橃

생평生平

권벌權橃(冲齋, 1478～1548)의 자字는 중허仲虛이고, 호號는 충재冲齋 또는 훤정萱亭이며, 시호는 충정忠定이다. 그는 1478년(성종 9) 11월 6일 안동부安東府 도촌리道村里(현재의 안동시 북후면 도촌리)에서 태어났는데 이곳은 그의 외가인 파평 윤씨의 세거지였다. 그의 어린 시절에 대한 자료는 거의 전하지 않는다. 다만 10세 때를 전후하여 날아가는 기러기를 보고 "사람은 북쪽으로 가는데 기러기는 남으로 날아간다"(人北去雁南飛)라는 글을 지었다고 전해진다. 연산군 2년(1496)인 19세에 진사시에 합격한 후, 27세 때인 연산군 10년에 대과에 급제하였으나 연산군에게 직언을 올렸다는 이유로 죽임을 당한 내시 김처선의 '처處'자가 답안 속에 있다는 이유로 합격이 취소되었다. 3년 뒤 비교적 늦은 나이인 중종 2년(1507) 30세 되던 해 봄에 별시문과에 합격하여, 승문원 권지부정자權知副正字로 관직생활을 시작하였다.

<그림 87> 삼계서원三溪書院

삼계서원은 권벌의 학문과 덕행을 기리기 위해 안동부사였던 김우옹이 1588년(선조 21)에 건립하였다. 1601년(선조 31) 정구鄭逑가 사당을 충정공사忠定公祠, 당호를 정일당精一堂, 동재를 사무사思無邪, 서재를 모불경毋不敬, 정문을 환성문喚惺門, 문루를 관물루觀物樓라 이름 지었다. 1660년(현종 1)에 사액 받았다.

그 뒤 그는 예문관 검열을 거쳐 사간원 정언正言, 예조좌랑이 되었으며 이어서 이조 및 호조의 정랑을 지냈다. 37세인 1514년에는 늙은 부모를 위해 영천군수로 내려가기도 했으며, 중종 12년(1517)에 다시 사헌부 장령을 거쳐 의정부사인議政府舍人이 되었다. 이어서 성균사성, 도승지를 거쳐 1519년에 예조참판에 올랐다. 그러나 그 해 6월 다시 사화가 일어날 조짐을 보이자 외직外職을 청하여 삼척부사三陟府使로 부임하였지만 11월에 기묘사화가 일어나 파직된 후 고향으로 돌아왔다.

중종 15년(1520) 43세인 그는 어머니의 묘소가 있던 안동부安東府 내성현乃城縣 유곡酉谷에 자리 잡았다. 현재는 경북 봉화읍 유곡리酉谷里

인 이곳은 흔히 '닭실'이라고 부른다. 집 뒤의 산세 모양이 닭이 알을 품고 있는 모습이라고 해서 '금계포란金鷄抱卵'의 명당으로 알려져 있다. 그리고 49세를 전후하여 집 서쪽에 작은 재실을 짓고 '충재冲齋'(혹은 寒棲堂)로 이름 짓고, 또 '청암정靑巖亭'을 지었다. 청암정은 커다란 거북이 형태의 바위 위에 지은 정자로 그 경관이 뛰어나다. 그는 이곳 닭실에서 기묘사화로 인해 파직된 후 다시 임용될 때까지 약 10여 년을 생활하며 성리학 연구에 몰두하였다.

<그림 88> 청암정靑巖亭

청암정은 거북이 모양의 큰 바위 위에 정자를 짓고 주위의 땅을 파 연못을 만들어 마치 거북이가 정자를 등에 지고 물 속에서 노니는 모습이다. 처음에는 온돌방이었지만, 어느 날 고승이 지나다가 정자에서 연기가 나는 것을 보고 "여기는 불을 피울 자리가 아니다. 거북이 등에 불을 피우면 어떻게 되겠는가"라고 충고하여 마루방으로 바꾸었다는 일화가 전한다.

중종 28년(1533) 56세에 그는 다시 서용되어 용양위龍驤衛 부호군副護軍이 된 후 밀양부사密陽府使가 되었다. 그 뒤 그는 한성판윤, 우찬성을 거쳤고, 1545년 인종이 사망하고 명종이 어린 나이로 즉위한 후, 문정대비가 수렴청정을 실시하면서 병조판서에 올랐다. 그리고 이때 문정대비의 아우 윤원형과 인종의 외척인 윤임이 갈등을 빚어 을사사화가 일어났고, 이어서 그 해 8월 이기李芑·정순붕鄭順朋·허자許磁·임백령林百齡 등 소윤 윤원형尹元衡의 세력이 대윤 윤임尹任세력을 배척하자, 이에 반대하여 윤임·유인숙柳仁淑·유관柳灌 등을 변호하는 계사啓辭를 올리기도 하였다. 곧 이어 위사공신衛社功臣에 책록되었고, 길원군吉原君에 봉해졌으나, 9월 우의정 이기·우찬성 정순붕 등이 자기들과 정치적 입장을 달리한다고 반대하여 삭훈되었고, 10월 사헌부와 사간원의 탄핵을 받아 파직되었다.

1547년 정미사화丁未士禍라고도 불리는 양재역良才驛 벽서사건壁書事件에 연루되어 처음 구례로 유배지가 결정되었으나, 곧 태천泰川으로 바뀌어 유배되었다가 다시 삭주朔州로 이배되어 이듬해 71세의 나이로 병사하였다. 그의 시신은 고향 닭실로 돌아와 묻혔다. 명종 22년에 복권되고, 선조 1년에 좌의정에 추증되었으며, 선조 4년에는 충정忠定이라는 시호가 내려졌다. 그리고 선조 24년(1591)에는 영의정領議政에 추증되었다. 사림들이 1588년 봉화읍 삼계리에 삼계서원을 세우고 그를 제향하였다. 삼계서원은 1660년(현종 1)에 사액되었지만 1867년 대원군의 서원 철폐령에 의해 훼철되었다. 그가 남긴 저서로는 『충재집』 9권 5책이 있으며, 그의 행장은 이황이 쓰고, 비문은 정경세가 썼다.

주요활동

권벌의 문집인 『충재집』이 전해지고 있지만, 그의 성리학에 대한 이해나, 그 특징을 분명하게 확인하기는 어렵다. 다만 그가 『춘추』와 『근사록』을 평생 가까이 두고 읽은 것으로 전한다. 또한 조선성리학의 일반적인 특징이라 할 수 있는 리기론이 아닌 심성론 중시 경향을 그에게서 찾아볼 수 있으며, 주자학의 일반적 공부론인 경敬 역시 그에게서 강조되고 있음을 확인할 수 있다. 특히 그가 『근사록』에 대해 깊은 관심을 가지고 있었다는 것은 다음과 같은 일화에서도 잘 나타나고 있다. 중종이 어느 해 봄 신하들과 후원에서 모임을 가진 후 누군가 책을 한 권 가져 왔다. "이 책이 모임을 가졌던 자리에 떨어져 있었습니다"라고 말하자 중종은 "아마 권벌의 관복 소매에서 빠졌을 것이다"라고 말하였다는 것이다. 여기에서 『근사록』은 그 사상의 요체였으리라 추측할 수 있다.

<그림 89> 청암정青巖亭 현판

그의 정치적 활동과 관련된 역사적 사건에는 기묘사화와 을사사화가 있으며, 이 두 사화는 그에게 있어서 특별한 의미를 가진다. 첫 번째 기묘사화에서 그는 파직되어 10여 년 동안 봉화 닭실에 은거할 수밖에

없었고, 을사사화의 여파로 발생한 정미사화(양재역 벽서사건)에 연루되어 유배지에서 사망하였던 것이다. 그가 기묘사화를 거치면서 파직되었던 것은 그 역시 조광조·김안국·김정국·김정·김구 등과 교류하였던 지치주의至治主義의 유학자였기 때문이다. 그가 사망한 후 이황·정구 등은 물론 이이와 송시열 등이 그를 높이 평가한 것은 바로 이러한 이유 때문이었다.

본래 진성대군(중종)은 성종의 둘째 아들로, 성희안 등이 주도한 중종반정에 의해 왕위에 올랐다. 진성대군은 즉위하기 전 이미 신수근愼守勤의 딸과 결혼한 상태였는데, 진성대군이 왕으로 즉위하자 그 부인 신씨 역시 왕비가 될 수 있었다. 하지만 고모가 연산군의 비이고 아버지가 연산군의 매부라는 이유로 폐위되었고, 1739년(영조 15)에야 단경왕후로 복위될 수 있었다. 정비인 신씨가 폐위된 뒤 중종은 영돈녕부사 윤여필尹汝弼의 딸을 계비繼妃로 맞아들였는데 그가 바로 장경왕후章敬王后였다. 하지만 장경왕후는 1515년 2월 세자世子(인종)를 낳은 뒤 그 산후병으로 사망하고 말았다. 그 뒤 중종은 다시 영돈녕부사 윤지임尹之任의 딸을 다시 제2계비로 맞아들였는데 바로 문정왕후文定王后였다.

이렇듯 중종은 자의는 아니었지만 비정상적인 방법을 통해 왕위에 올랐고, 복잡한 가족관계로 문제의 불씨를 안고 있었다. 즉 결과론적으로 본다면 비정상적인 방법을 통해 왕위에 오른 것으로 인해 발생한 사건이 바로 기묘사화이고, 복잡한 가족관계로 인해 발생한 사건이 바로 을사사화와 정미사화였던 것이다.

왕위에 오른 중종은 자신을 왕위에 오르도록 만든 공신세력을 견제해야만 했다. 그리고 그 방법으로 성종이 훈구파를 견제하기 위해 영남사림파를 중앙정계로 끌어들였듯이, 1515년 조광조를 중심으로 한 기호사림의 정치세력을 키워갔다. 이렇게 중종의 지원을 받은 조광조는 성리학적 이념에 근거한 지치주의 정치를 표방하며 조정을 장악하고 있던 공신 세력을 견제할 수 있었다. 하지만 조광조의 개혁은 지나치게 급진적이고 과격해서 공신 훈구세력의 반발을 불러일으켰을 뿐만 아니라, 성리학적 이념을 내세워 왕권마저 견제하기 시작하자 중종 역시 조광조와 거리를 두기 시작하였다. 그리고 마침내 1519년의 반정공신들의 위훈삭제사건을 계기로 조광조·김정·김식 등 사림은 숙청되었는데 이것이 바로 기묘사화이다.

기묘사화에서 권벌은 삼척부사로 재직하다 파직되는 비교적 가벼운 처벌을 받았다. 하지만 1545년(명종 원년) 문정왕후의 형제인 윤원형尹元衡 일파의 소윤小尹이 장경왕후의 오라비인 윤임尹任 일파의 대윤大尹을 몰아내는 과정에서 사림이 크게 화를 입게 되는 을사사화와 그 여파로 발생한 정미사화에 연루된 권벌은 유배길에 오르게 되고 유배지에서 사망하였다. 기묘사화를 큰 탈 없이 넘긴 그가 을사사화에 희생될 수밖에 없었던 것은 그의 정치적 위치가 달랐기 때문으로 여겨진다. 기묘사화 이후 사림은 중앙정계에서 그 활동이 위축되어 버리고 심정·이항 등의 세력과 중종의 장인인 김안로 세력이 권력의 핵심을 차지하며 치열한 권력다툼을 전개했다. 그 과정에서 김안로는 심정 등의 탄핵으로 귀양을 갔으나 얼마 후 다시 정계에 복귀하여 정권을 장악하였다. 정권 장악에 성공한 김안로 일파는 문정왕후를 몰아내려고 음모를 꾸미다 문정왕후의 숙부 윤임의 밀고로 발각되어 유배된 뒤 사사되었다. 김안로가 실각한 뒤 정권 쟁탈전은 권신에서 척신으로 넘어갔다.

중종의 제2계비인 문정왕후가 경원대군을 낳자 그녀의 친형제인 윤원로, 윤원형은 경원대군을 세자로 책봉할 계략을 세우지만 세자의 외숙 윤임이 이를 저지해 그들은 뜻을 이룰 수 없었다. 이 때부터 윤임(대윤)과 윤원형(소윤)의 대립이 불가피하게 되었다. 중종이 사망하고 장경왕후의 아들인 인종이 즉위하자 인종의 외삼촌이었던 윤임세력이 득세할 수 있었지만, 인종은 즉위 9개월 만에 세상을 떠나고, 겨우 12세에 불과한 문정왕후의 아들인 명종이 왕위를 이어받았다. 그리고 어린 명종을 대신해 문정왕후가 수렴청정을 시작하자 조정의 권력은 자연히 대윤파에서 소윤파로 넘어갈 수밖에 없었다.

<그림 90> 충정공사忠定公祠 현판

충정공사는 삼계서원 내에 있는 권벌의 신위를 모신 사당이다.

그리고 이때 소윤파는 윤임 등이 역모를 획책하고 있다고 무고하여 대윤파를 궁지로 몰아넣어 제거하는데 이 사건을 을사사화라 한다. 단순히 외척 사이의 권력투쟁에 불과한 이 사건을 사화라고 부르는 것은 대부분의 사림이 윤임을 지지하다 참변을 당했기 때문이다.

윤원형은 이 사건으로 정권을 장악하였지만, 이 을사사화가 끝난 뒤에도 여파는 한 동안 계속되어 1547년(명종 2) 9월 부제학 정언각鄭彦慤이 전라도 양재역良才驛에서 '여자 임금이 권력을 잡고 간신인 이기 등이 아래에서 권력을 농락하고 있으니, 나라가 망할 것을 기다리는 꼴이다. 어찌 한심하지 않겠는가'라는 내용의 벽보가 붙은 것을 발견하여 을사사화에서 살아남은 사림파를 궁지로 몰아넣었고, 권벌과 이언적 등 20여 명이 이 때에 유배되었다. 1498년(연산군 4) 이후 약 50년 간 훈구파와 사림파의 정치적 대립이 표면화되어 나타난 사화는 이것이 마지막이었다.

권벌은 이렇듯 사화의 시대를 살다가 그 사화에 희생된 인물이다. 사림파의 중앙정계 진출을 둘러싸고 전개된 사화를 겪으면서 한편으로 권벌과 같은 수 많은 사람들이 희생되었지만, 또 다른 한편으로는 각 지역으로의 유배와 낙향을 통해 주자학의 보급이 더욱 활발하게 진행되기도 하였다.

25 이언적李彦迪

생평生平

본관이 여주驪州(驪江)인 이언적李彦迪(晦齋, 1491~1553)은 1491년(성종 22) 경주부慶州府 양좌촌良佐村(현재의 경북 경주시 강동면 양동리)에서 태어났다. 아버지는 생원을 지낸 번蕃이고 어머니는 세조 때의 적개공신敵愾功臣인 손소孫昭의 딸이었으며, 손중돈은 그의 외삼촌이었다. 그의 이름은 본래 적迪이었지만, 1521년(중종 16) 중종의 명에 따라 언적으로 이름을 바꾸었다. 과거에 급제한 단성 사람과 동명同名이어서 왕이 언彦자를 더해준 것이라 전한다. 이언적은 10세에 아버지를 여의고 어머니와 외삼촌인 손중돈의 가르침 속에서 학업에 전념했다.

1514년(중종 9) 24세에 별시에 합격, 권지교서관부정자權知校書館副正字가 되었는데, 당시 시험 감독관이었던 김안국은 그의 책문策文을 보고 '왕을 보좌할 재주가 있다'고 칭찬한 것으로 전한다. 특히 그는 26세 때 다음과 같은 「권학자勸學者」란 시를 지으며, 대학자로 성장할 수 있는 자질을 보여 주기도 하였다.

為學應須學聖人　　학문을 하려면 응당 성인을 배워야 하니
聖功元是本彝倫　　성인의 공은 본래 인륜의 근본이네
數篇格語眞繩墨　　책마다 좋은 말씀 참으로 準則이니
熟講精通可律身　　익혀 통달하면 몸을 다스릴 수 있겠네

이 7언 절구는 입신양명이나 관직에 연연하지 않고 인륜의 근본을 탐구하여 그것을 완성하려는 이상을 보여주고 있다. 1517년(중종 12) 27세에 그는 외삼촌인 손숙돈과 조한보 사이에 벌어졌던 무극태극無極太極 논쟁을 비판하였다. 그리고 그의 나이 29세인 중종 14년 기묘사화가 일어났지만, 관직에 오른 지 겨우 5년에 불과했던 그는 당시 미관말직에

<그림 91> 옥산서원

1572년(선조 5) 경주부윤 이제민이 처음 세웠고, 그 다음해에 임금에게 '옥산'이라는 이름으로 사액서원이 되었다. 공부하는 장소인 구인당이 앞에 있고, 제사를 지내는 체인묘가 뒤에 위치한 전학후묘의 형식이다.

있었을 뿐만 아니라, 그 전해 12월에 조부가 사망하여 고향에 내려와 있었기 때문에 직접적인 화를 당하지는 않았다.

그 뒤 그는 세자시강원 설서·성균관 전적·병조좌랑·이조좌랑·인동현감仁同縣監·시강원문학侍講院文學·밀양부사密陽府使·사간원 사간 등을 역임하였고, 41세인 1531년(중종 26) 1월 채무택蔡無澤과 심언광沈彦光 등이 중종의 사돈이면서 권력을 남용하여 유배되었던 김안로金安老를 다시 기용하려 하자 김안로를 등용한다면 조정의 기강이 문란해진다는 이유를 들어 반대하였다. 이렇듯 김안로의 기용을 반대하다 성균관 사예로 좌천된 후 탄핵으로 파직되자 귀향하였다.

고향으로 돌아온 그는 자옥산紫玉山 아래에 독락당獨樂堂을 짓고 학문에 전념하였다. 1537년 김안로가 중종의 두 번째 계비인 문정왕후文定王后의 폐위를 기도하다 발각되어 유배된 후 사사되자 중종은 이언적을 조정으로 다시 불러들였다. 이어서 그는 홍문관 교리응교·의정부 검상檢詳·전주부윤全州府尹이 되었는데 이 때 그는 「일강십목소一綱十目疏」를 올렸다. 이언적의 사상을 잘 반영한 일강십목소의 내용은 임금의 마음을 바로잡고 이상적인 정치를 실현하는 방법을 논한 것이다.

이 밖에 그는 중종 때에 예조참판·이조판서·홍문관제학·동지성균관사를 지냈지만, 1544년(중종 39) 54세에 병으로 관직을 사임하였다. 1545년(인종 1) 여름에 병이 나아지자 다시 관직에 나가 지경연춘추관사知經筵春秋館事를 겸하였고, 그 해에 인종이 사망하자 좌찬성으로서 원상元相을 맡았다. 그 해 7월 명종이 즉위하자 판의금부사를 겸하였으며, 위사공신衛社功臣에 녹훈錄勳되고 여성군驪城君에 봉해졌지만 12월에 사직하고 고향으로 물러났다.

이 때 그는 좌찬성·판의금부사의 중요한 직책에서 을사사화를 겪었는데, 이이李珥와 같은 경우는 그가 을사사화에 절개를 지키지 못하였다고 비판하였다. 그가 을사사화 당시 자신의 분명한 입장을 표현하지 않았을 뿐만 아니라 결국에는 모든 관직을 사직하고 고향으로 물러난 소극적인 태도에 대한 비판이라 여겨진다. 하지만 을사사화 자체가 대윤과 소윤이라는 두 외척이 중심이 되어 진행되었던 정치적 권력투쟁에 불과했으므로, 어느 쪽도 대의와 명분을 갖추었다고 볼 수 없다. 따라서 적극적으로 그 어느 편에도 서지 않은 그의 태도가 사실은 더욱 지혜로운 것이었다고 볼 수도 있을 것이다.

<그림 92> 옥산서원의 태극문太極門 현판

27세에 외삼촌인 손숙돈과 조한보 사이에 벌어졌던 무극태극無極太極 논쟁을 비판한 이언적의 사상적 경향을 읽을 수 있는 명칭이다.

하지만 을사사화를 통해 권력을 잡은 윤원형일파는 1546년(명종 1) 이언적의 훈작勳爵을 삭탈하고, 이듬해에 양재역벽서사건良才驛壁書事件이 일어나자 여기에 연루시켜 평안도 강계부江界府로 유배시켰다. 이언적은 강계에서 63세의 일기로 생을 끝마칠 때까지 약 6년 동안 자신의 학문을 정리하는 저술 작업에 전심하였다. 이때 나온 저서가 바로 『대학장구보유大學章句補遺』·『속대학혹문續大學或問』·『봉선잡의奉先雜儀』·

『구인록求仁錄』 등이었으며, 『중용구경연의中庸九經衍義』는 미처 완성하지 못하고 1553년(명종 8) 63세를 일기로 사망하였다. 1566년(명종 21)에 복작復爵되었고, 1568년(선조 1)에 영의정에 추증되었으며, 그 이듬해에 '문원文元'이란 시호가 내려졌다. 1573년(선조 6)에는 그가 거처하던 독락당獨樂堂 아래에 옥산서원이 건립되어 그를 배향하였고, 1610년(광해군 2)에는 문묘文廟에 종사되었다. 저서로는 『회재집晦齋集』 13권 5책이 전하고 있다.

철학사상

이언적이 태어나고 성장한 경주부慶州府 양좌촌良佐村은 현재의 경북 경주시 안강읍 양동리이다. 이 마을에 언제부터 사람이 살았는지 그 자세한 내력은 알 수 없지만, 이시애의 난을 평정하여 공을 세운 손소孫昭(1433~1484)가 처음 이곳에 들어와 정착한 것으로 기록되어 있다. 손소는 본래 청송 안덕安德에서 태어났지만 류복하柳復河의 무남독녀와 혼인한 후 처가의 재산을 상속받으면서 이 마을에 정착하였다고 전한다. 그는 5남 2녀를 두었는데, 둘째 아들이 손중돈孫仲暾이며, 장녀는 이번李蕃에게 출가하여 두 아들을 낳았는데 그 맏이가 이언적이다.

41세에 파직된 후 고향으로 돌아온 이언적은 자옥산을 따라 흐르는 자옥천의 반석盤石에 탁영濯纓·징심澄心·관어觀魚·영귀詠歸·세심洗心 등의 이름을 붙였다. 그리고 관어대 위에 정자를 짓고 6년 동안 학문연구에 몰두하였다. 이 때 지은 「관심觀心」이란 시를 보면 당시 그가 무엇을 고민하고 추구하였는지를 알 수 있다.

空山中夜整衣襟 빈산 한밤중에 옷깃 여미고 앉으니
一點靑燈一片心 한 점 푸른 등불 내 마음에 비추네
本體已從明處驗 본체는 이미 밝은 곳에서 체험하였고
眞源更向靜中尋 진리의 근원은 고요함 속에서 찾으리라

사대사화를 거치면서 사림들은 정치 등의 현실적인 문제에 등을 돌리고 자연과 더불어 강호江湖를 노래하는 것이 하나의 일반적인 사조가 되었다. 하지만 이 시에서 나타나듯 이언적은 자연을 벗삼아 유유자적한 삶을 살아가는 것을 목표로 한 것이 아니라, 학문을 통해 진리를 찾아가려는 의지를 보여주고 있다.

그의 이러한 노력은 영남유학사 뿐만 아니라, 전체 조선유학사에 있어서 그의 위치를 분명하게 각인시킨다. 그에 이르러 주자학은 이제 단순히 윤리적 규범이나 정치적 이념으로만 작용하는 것이 아닌, 철학적 사유로 체계화되었던 것이다. 물론 그 이전에 정도전과 같은 경우도 『심문천답』, 『불씨잡변』, 「심기리편」 등의 저술을 남기고 있지만, 그의 일차적 목표는 어디까지나 주자학을 정치적 이념으로 적용하는 데 집중되어 있었고, 주자학이 체계적인 철학적 사유로 자리 잡지는 못하였다. 그 뒤 김종직, 김굉필 등과 같은 초기 사림파 인물들이 등장하였지만, 그들의 저술 대부분은 현재 전해지지 않아 그 성리학적 사유를 분명하게 이해할 수는 없다. 그렇다 하더라도 전해지는 단편적인 자료들을 통해 그들의 사유를 재구성해 볼 때, 그들 역시 성리학을 윤리적 규범학으로 이해하였다는 점은 쉽게 부정하기 어렵다. 반면 이언적은 본격적으로 주자학을 단순한 일상적 윤리로 이해하는 것이 아니라, 그 생활규범의 근거를 물어 가는 철학으로 이해하였다.

<그림 93> 무첨당無忝堂

경북 경주시 강동면 양동리에 있는 조선 중기에 세운 건물이다. 앞면 5칸 · 옆면 2칸 규모로 건물 내부를 세 부분으로 구분하여, 가운데 3칸은 대청이고 좌우 1칸씩은 온돌방이다.

본래 북송北宋의 정이程頤(伊川, 1033~1107)를 통해 기초가 세워지고, 주희朱熹(晦庵, 1130~1200)에 의해 완성된 주자학은 리기론理氣論과 심성론心性論 그리고 공부론工夫論이라는 세 이론이 상호작용하며 형성된 체계이다. 보편적이고 불변하는 리理와 현상적이고 변화하는 기氣로써 우주의 생성과 변화를 설명하는 리기론理氣論은 자연과 인간, 그리고 인간이 만들어 가는 역사 현상을 설명하는 주자학 전체의 기본적인 틀이고 골간이다. 이러한 리기론을 바탕에 두고 도덕의 실천가능 근거가 되는 인간의 본성을 설명한 인성론과 도덕적 실천방법 혹은 실천적 역량의 배양 방법을 설명한 공부론이 체계화되었던 것이다. 그런데 이언적 이전의 어떤 성리학자도 주자학의 이러한 세 가지 이론 전체의 유기적 관계와 전체체계에 대해 일관되고 통합된 이해를 제시한 적이 없었다. 이제 이언적을 시작으로 조선은 주자학에 대한 전면적인 이해를 통해 조선성리학의 특징들을 드러내기 시작한 것이다. 이것은 김종직과 김굉필로 이어지는 초기 사림파가 『소학』을 중심으로 한 실천을 중시하는 경향이었다면, 이제 이언적으로 시작되는 16세기 말의 성리학은 그 실천의 근거를 캐물어 가는 철학적 탐구로 그 방향을 전환하게 되었음을 의미한다.

또한 그것은 사림파의 정치적 활동이 몇 차례의 사화를 겪으면서, 그 활동 자체 혹은 그 방법에 대한 반성이 시작되었음을 의미한다. 성리학을 윤리규범으로 이해하고 그것의 실천을 그토록 강조해 왔지만, 현실적으로는 왜 자꾸만 좌절되고 그 이상이 실현되지 않는 것일까? 그것은 노력의 부족인가 아니면 또 실천방법의 문제인가? 이러한 상황에서 이언적은 단순히 '어떻게 행위하라' 또는 '어떻게 행위하지 말라'는 명령조의 규범이 아니라, 왜 그렇게 행위하지 않으면 안 되는지에 대한 보다 근원적인 설명이 필요하다는 사실을 깨달았으리라 짐작된다.

다른 한편으로 그의 이러한 전환은 당시 조정에서 권력 투쟁에 열중한 훈구세력들에 대한 비판으로도 받아들여질 수 있다. 단순히 공동체를 유지하기 위해 인간이 지켜야 할 규칙으로서의 도덕이 아니라 본체론과 심성론 그리고 공부론을 통해 형상화한 도덕성과 그것에 대한 강조는 궁극적으로 4대 사화에 희생된 사림들의 행위를 정당화하는 근거이면서 동시에 훈구세력을 비판하는 도구로 작용하는 것이다.

<그림 94> 향단香壇

이언적이 경상감사로 재직할 때 지은 집이며 전체적으로는 用자형의 구조이다. 행랑채, 안채, 사랑채가 모두 한 몸체로 이루어지며 각각의 마당 즉, 2개의 마당을 가진 특색 있는 구성을 하고 있다.

이와 같은 의의를 가진 이언적의 성리학은 27, 8세 때 조한보曺漢輔를 상대로 전개한 무극태극설無極太極說에 관한 논변에서 이미 분명한 이론적 틀이 형성되었음을 확인할 수 있다. 먼저 그는 주자학의 본체론이며 동시에 우주론이기도 한 리기론에서 기에 대한 리(태극)의 우선성을 인정하고, 기보다 먼저 존재하는 리(태극)가 기를 주재함으로써 우주만물이 생성된다고 주장한다. 여기에서 리가 기를 주재함으로써 우주만물이 생성된다는 것은 결국 만물의 존재원리이고 인간행위의 법칙인 리가 질료 혹은 에너지로서의 기와 만남으로써 각각의 사물과 사건을 형성한다는 것을 의미한다. 그리고 이것은 각각의 구체적인 사물과 사건 속에 리(태극)가 내재해 있음으로써 현상세계에서 비록 차별적인 모습으로 등장하는 각각의 사물들이라도 그 모든 것은 하나의 리理라는 동일성의 원리에 의해 통일되는 것이다. 이러한 본체론은 물론 인간이 살아가는 세계와 그 세계 안에 존재하는 사물들의 생성과 변화를 설명하는 형이상학적 가설체계이지만, 성리학에서 이러한 본체론을 요청하는 것은 단순히 세계와 그 세계 안에 존재하는 사물들의 생성과 변화를 설명하기 위한 것은 아니다.

이러한 특징은 이언적의 성리학에 더욱 분명하게 나타나며 본체론은 그 자체의 독립적 의의를 갖는 것이 아니라, 인간의 심성에 대한 이해와 실천을 담보하는 하나의 전제일 뿐이다. 그것은 성리학의 본질이 '내성외왕內聖外王' 혹은 '수기안인修己安人'에 있다면, 그 성리학이 요청한 본체론 역시 '내성외왕'의 초월적이고 형이상학적 근거를 확보하기 위한 노력이기 때문이다. 다시 말해 '내성외왕' 혹은 도덕실천의 절대성 혹은 필연성을 담보하기 위한 노력인 것이다. 따라서 이러한 본체론은 필연적으로 인간에 대한 규정인 심성론과 결합된다. 주자학적 본체론은 한편으로 세계 안에 존재하는 모든 사물이 리와 기라는 두 가지 요소의 결합에 의해 생성되었고, 사물 속에 내재해 있는 리가 곧 그 사물의 성性으로 이것은 인간 역시 예외가 되지 않는다. 이것이 주자학의 '성즉리性卽理' 명제가 함축하고 있는 의미이기도 하다. 그리고 이 '성즉리' 명제를 통해 본체론 혹은 리기론은 '내성외왕', 즉 도덕실천의 주관적이고 내재적 근거인 인간의 심성론과 결합되는 것이다. 이렇듯 이언적에게 있어서 여전히 마음과 성의 구체적인 작용에 대한 분명한 분석이 진행되지는 않고 있지만, 본체론 중심이 아닌 심성론 중심의 조선성리학적 특징이 뚜렷하게 나타나고 있다.

이러한 이론체계에서 인격의 완성이란 다름 아닌 인간에게 내재해 있는 성性(理)의 실현일 뿐이다. 따라서 문제는 어떻게 하면 내재해 있는 성(리)을 실현시킬 것인가라는 물음에 답한 것이 바로 공부론이다.

<그림 95> 독락당 현판

독락당은 이언적이 벼슬에서 물러나 고향에 돌아온 뒤에 거처한 건물이다. 낮은 기단 위에 앞면 4칸 · 옆면 2칸 규모이고, 팔작지붕이다.

이렇듯 성(리)을 실현하는 방법을 논한 것이 공부론 혹은 수양론이며, 이언적은 그의 공부론을 「양심잠養心箴」이란 글에서 다음과 같이 분명하게 논하고 있다.

> 마음의 덕은 지극히 허령虛靈한 것이다. 원래 그 본체는 광대하고 고명하여 안으로 모든 이치를 갖추고 밖으로는 만 가지 변화에 대응한다. 풀어 헤치면 천지사방에 가득 차고 거두어들이면 하나의 마음에 간직되니 잘 함양하여 해치지 않으면 천지운행의 이치와 합하게 될 것이다. 어떻게 함양할 것인가? 경敬이 있을 뿐이다. 어떻게 경할 것인가? 하나로 집중(專一)하는 것이다. 마음이 움직이지 않을 때는 온전한 태극이니 경으로써 전일專一해야 그 본체가 올바르게(直)된다. 치우치지도 말고 기대지도 말아야 하며 마음을 흐트러뜨리지 말고 잊거나 조장하지도 말아야 한다. 조용히 자득해야 온전히 대공무사하게 되어 솔개가 하늘을 날고 물고기가 뛰어오르는(鳶飛魚躍) 자연의 이치를 알게 된다. 마음을 활짝 열어

비추면 사사로움과 왜곡됨을 볼 수 없다. 천리가 온전하면 인욕이 싹트지 못하고 근본이 이미 서 있으면 그 도가 실현된다. 경敬의 작용은 마음을 보존(存心)하는 것이니, 오래 계속하여 순수해지면 리가 순수해질 것이다. 천지만물을 키우는 공은 실로 이것에 근본을 두고 있다.

여기에서 이언적은 인간에게 내재해 있는 천도, 천리를 온전히 간직한다면 현상세계 속의 온갖 변화에 대응하며 적절하고 합리적인 행위를 할 수 있다고 주장한다. 반면에 만약 그렇지 못할 경우 인간의 마음은 사사로움으로 가득 차고 그 본성은 왜곡되며 인욕이 싹트게 된다고 말한다. 따라서 내재해 있는 천도·천리인 성을 온전히 간직하고 또 그것을 온전히 실현하는 것이 그의 성리학이 추구하는 궁극적 목표인 것이다. 그리고 이러한 목표를 달성하기 위해 필요한 공부로서 그가 제시하고 있는 것이 바로 '경敬'의 공부이며, 그 '경' 공부의 구체적인 실천 방법이 바로 '전일專一'이다.

이와 같이 이언적은 주자학을 구성하고 있는 세 가지 이론체계인 본체론과 심성론, 그리고 공부론의 상호관계와 그 내적 의미를 분명하게 이해하고 있었다. 그에게 있어서 리란 다름 아닌 인간의 마음속에 내재하는 도덕적 능력이었다. 따라서 인간은 선험적으로 도덕적 능력을 가진 존재이며, 그 공부론은 인간이 선험적으로 구비하고 있는 이 도덕적 능력을 발휘하는 방법이다. 이러한 시각은 도덕적 문제가 발생하는 원인을 사회의 구조적인 부분에서 찾기보다는 개인이 구비하고 있는 도덕적 능력의 실현여부에서 찾는 관념적 성격을 가지기도 한다.

영남학맥에 있어서의 위치

이언적은 앞서 논하였듯 『소학小學』을 중시하는 기존 사림의 한계를 넘어서고 있다. 그는 성리학의 일차적 과제가 도덕의 절대적이고 필연적인 근원을 이론적으로 확보하는 데 있음을 자각하여 리理를 근본으로 하는 성리학체계를 세움으로써 이후 조선성리학, 특히 영남학파의 나아갈 방향을 제시하였다. 이렇듯 그는 주자학을 단순히 윤리규범으로 이해하거나 정치적 이념으로 이해하는 기존의 관점을 벗어나 철학적 사유로의 접근을 시도하였다는 점에서 중요한 의미를 가지며, 그의 이러한 시도는 조선 성리학자들의 주자학에 대한 이해가 이제 일정 부분까지 성숙되었음을 알리는 신호탄이기도 하다.

이렇듯 그는 조선유학사의 전개에 있어서 새로운 방향을 제시했을 뿐만 아니라, 다른 한편으로 그의 사상과 학문은 이황에게 큰 영향을 주어 퇴계학파의 형성에 그 이론적 기초를 제공하였다. 그가 퇴계학파의 형성에 끼친 영향은 무엇보다 기에 대한 리의 우월성을 전제한 리기론을 바탕으로 리의 능동성과 창조성을 긍정하는 그의 태도가 뒷날

<그림 96> 옥산서원玉山書院 현판

경북 경주시 안강읍 옥산리에 위치해 있으며, 1572년(선조 5) 경주부윤 이제민이 이언적을 기리기 위하여 세웠고, 그 다음해에 사액서원이 되었다.

리의 직접적인 작용(理發)을 긍정하며 심성론을 중심으로 그 이론체계를 구성한 이황의 철학에 그대로 계승되었다는 점에서 충분히 확인할 수 있다. 또한 그의 도덕에 대한 강조는 한편으로 전제왕권과 관료들에 대해 도덕적 의무를 부여함으로써 권력의 행사를 견제하는 역할을 수행하기도 하였다. 그리고 이러한 점에서 제한적 의미에서나마 백성들에 대한 관심을 표현하였다고 볼 수 있을 것이다.

훗날 이황은 이언적의 『행장』에서 그를 이렇게 평가하였다.

> 선생은 이어 받은 곳도 없이 스스로 이 학문에 힘써, 남모르는 사이에 날로 드러나고, 덕과 행이 부합하였으며, 뚜렷이 문장으로 나타내고 훌륭한 말을 후세에 남겼으니 이러한 분을 우리나라에서 찾는다면 그에 비교할 만한 사람이 거의 없을 것이다.

참고문헌

황준언, 「이언적의 무극태극설 논변」, 『동양철학연구』, 동양철학연구회, 2001.

김낙진, 「이언적의 이상사회론」, 『공자학』, 한국공자학회, 2002.

이수환, 「회재 이언적과 옥산서원」, 『경주사학』, 경주사학회, 1997.

여운필, 「회재 이언적의 삶과 시」, 『한국한시작가연구』, 한국한시학회, 2000.

김기현, 「회재 이언적의 철학사상」, 『민족문화연구』, 고려대학교 민족문화연구소, 1980.

강경림, 「회재 이언적의 태극논변 연구」, 『유교사상연구』, 한국유교학회, 2003.

26 주세붕周世鵬

생평生平

주세붕周世鵬(愼齋, 1495~1554)은 1495년(연산군 1) 부친인 주문보와 황씨 부인의 차남으로 합천군陜川郡 천곡리泉谷里에서 태어났다. 그의 본관은 상주尙州이고 자字는 경유景遊이며, 호號는 신재愼齋·손옹巽翁·남고南皐 등이다. 시호는 문민文敏이다. 황씨부인은 꿈에 한 노인이 나타나 금으로 만든 붓 한 자루를 주면서 "잘 간직해 두었다가 네 아들에게 주도록 하라"는 태몽을 꾸고 주세붕을 낳았다고 전한다.

1501년(연산군 7) 7세에 부친을 따라 칠원漆原 무릉리武陵里(현재의 경남 함안군 칠서면 무릉동)로 이거하였다. 그리고 12세에 그는 진사 강신효姜藎孝의 문하에서 학문을 시작하여 1512년(중종 7)에 향시에 장원하였지만 이듬해 복시에서는 낙방하였다. 23세에 부친의 가르침에 따라 자신의 호를 신재愼齋로 지었다. 이것은 '말을 조심하고(愼口), 행동을 조심하며(愼身) 마음을 삼가하라(愼心)'는 뜻이었다. 1522년(중종 17) 28세에 사마시와 문과별시에 합격하여 승문원 권지부정자權知副正

字가 되었다. 그의 벼슬은 미관말직이었으나 30세에는 김굉필의 제자인 김정국金正國이 『성리절요性理節要』를 지을 때 그 서문을 맡아 쓰기도 하였고 호당湖堂에 선발되어 사가독서하기도 하였다.

<그림 97> 주세붕 영정

주세붕의 상반신을 그린 초상화이며 본래 가로 62.5㎝, 세로 134㎝ 크기로 색이 바라고, 훼손된 것을 모사하여 소수서원 영정각에 모셔져 있다.

1525년(중종 20) 31세에 예문관 검열과 춘추관 기사관을 겸하면서 본격적으로 관직생활을 시작하였다. 그 뒤 홍문관 정자를 거쳐 34세에 수찬이 되었을 때 기묘사화 이후 문란한 정치를 바로잡을 것을 간하는 「계옥시啓沃詩」를 지어 왕에게 올렸다. 그 내용은 천도天道를 받들 것, 조상을 본받을 것, 정사를 부지런히 할 것, 학문에 힘쓸 것, 충간忠諫을 받아들일 것 등의 다섯 가지 조목이었다. 그리고 1530년(중종 25) 사간원 헌납이 되었을 때는 중종의 사돈인 김안노金安老를 사간원 전체 의견으로 탄핵할 것을 대사간 심언광沈彦光에게 요구했다가 결국 파직되었다.

하지만 1532년(중종 27)에 성균관 전적으로 복귀하여, 43세에는 모친의 봉양을 위해 곤양군수로 내려갔지만 그 이듬해에 두 번째로 파직되었다. 1541년(중종 36) 47세에 다시 공조정랑으로 기용되어 7월, 풍기군수豊基郡守로 부임하였다. 주세붕의 삶은 풍기군수를 맡으면서 새로운 전기를 맞게 된다. 그는 풍기군수로 부임한 후, 퇴락한 문묘를 수리하고 이어 주자학을 도입한 안향의 사당을 지어 배향하였다. 또한 그 이듬해에는 안향사당 앞에 서원을 세웠는데 그곳은 안향이 성장하고 학문을 연마하던 곳이었다.

그가 이곳에 서원을 건립하고자 노력한 것은 지방교육의 중심이었던 향교가 제 기능을 담당하지 못한 데서 그 원인을 찾을 수 있다. 당시 대부분의 향교는 정부의 무관심과 재정난으로 유명무실해졌고, 향교의 기능은 봄과 가을 문묘에 제사하는 것이 전부였다. 반면에 사림에서는 개인이 서재나 정사를 지어놓고 일정부분 교육을 담당하고 있었지만 그것은 개인이 개별적으로 운영하는 것이어서 교육의 양과 질에 있어서 상당한 한계를 가지고 있었다. 그는 이와 같은 향교와 사학의 문제점을 보완할 수 있는 방법으로 서원의 건립을 추진하여, 1542년(중종 37) 그의 나이 48세에 백운동서원을 세울 수 있었다.

<그림 98> 백운동白雲洞 현판

백운동서원을 건립한 후 그는 안향의 후손인 안정이 보관중이던 안향의 영정을 봉안하고, 5개 조항의 서원을 운영하는 규칙을 정하였는데, 그것은 ① 제사를 받든다(謹祀), ② 현인賢人을 예우한다(禮賢), ③ 서원건물을 잘 수리한다(修宇), ④ 곡식창고를 갖춘다(備廩), ⑤ 서적을

점검한다(點書)는 5개 조항이었다. 그가 세운 백운동서원은 후임으로 풍기군수에 부임한 이황의 건의로 1550년(명종 5) 최초로 '소수서원紹修書院'으로 사액賜額되었으며, 이것은 곧 정부가 공인하며 후원하는 교육기관임을 뜻한다.

그리고 51세에 중종이 사망하자 중국사신의 제술관製述官으로 활동하였고, 이어 인종이 사망하자 춘추관의 편수관이 되어 중종·인종실록의 편찬에 참여하였다. 이듬해에 명종이 12세의 어린 나이로 즉위하자 경연관이 되어 국왕을 교육하는 책임을 맡으며, 기묘사화로 희생된 조광조 등 기묘명현을 신원伸冤하는 데 힘썼다. 또한 그는 1549년(명종 4) 55세에 황해도 관찰사로 부임하였을 때는 해주에 수양서원首陽書院을 세워 그 지역 출신인 최충崔沖을 배향하였다. 57세에 대사성이 되었을 때에는 승과僧科를 부활시키려는 문정황후의 호불정책을 반대하며 '벽불소闢佛疏'를 올리기도 하였다.

1554년(명종 9) 60세에 병으로 관직을 사직하고 그 해 7월 2일에 사망하였다. 동림서원桐林書院, 해주의 양근서원楊根書院, 백운동서원白雲洞書院, 덕연서원德淵書院, 도연서원道淵書院 등에 배향되었다. 1677년(숙종 3)에 예조판서에 추증되었고, 1818년(순조 18) '문민文敏'이란 시호가 내려졌다. 저서에는 『무릉잡고武陵雜稿』, 편서로는 『죽계지竹溪誌』, 『동국명신언행록東國名臣言行錄』, 『심도이훈心圖彝訓』 등이 있다.

주요활동

앞에서 살펴본 주세붕의 삶에서는 몇 가지 특징을 발견할 수 있다. 첫째는 바로 그가 28세에 문과 별시에 급제하여 관직에 오른 후 60세에 병으로 사직하여 사망할 때까지, 두 차례의 짧은 파직기간을 제외한 인생의 대부분을 현직관리로 활동하였다는 점이다. 연산군 1년에 태어나 사화의 시대를 살아가면서 그 당시 대부분의 사림들이 자신의 의지와 관계없이 사화에 희생되거나 자의自意에 의해 관직에서 물러나 은둔하는 것과는 다른 모습이다. 그는 『무릉잡고』에서 "궁하면 당연히 나의 힘을 다하고 출세하면 마땅히 나의 일을 다한다. 가정과 나라에는 진실로 하나의 도가 있으니 충과 효는 결코 두 가지가 아니다"라고 말한다. 이것은 자신이 처한 상황에 따라 최선의 삶을 살아가려 노력하는 성리학자의 모습이고, 곧 그가 삶을 대하는 태도이기도 하였다.

둘째로 그가 번잡한 관료생활 속에서 1300여 편에 이르는 시조·시·부賻·음吟·별곡 등의 작품을 창작하였다는 점이다. 특히 경기체가나 시조와 같은 한글 가사를 창작하여 국문학사상 그 중요성을 인정받고 있다. 특히 그는 황해도 관찰사로 있으면서 유학진흥을 위해 다음과 같은 「오륜가」를 짓기도 하였다.

사람 사람들마다 이 말씀을 들으려무나,
이 말씀이 아니면 사람이면서도 사람이 아닌 것이니,
이 말씀을 잊지 않고 배우고야 말 것입니다.

아버님이 나를 낳으시고 어머님이 나를 기르시니
부모님이 아니셨으면 이 몸이 없었으리라.
이 덕을 갚고자 하니 하늘같이 끝이 없습니다.
종과 상전의 구별을 누가 만들어 내었던가.

벌과 개미들이 이 뜻을 먼저 아는구나.
한 마음에 두 뜻을 가지는 일이 없도록 속이지나 마십시오.

남편이 밭을 갈러 간 곳에 밥을 담은 광주리를 이고 가서,
밥상을 들이되 눈썹 높이까지 공손히 들어 바칩니다.
진실로 고마우신 분이시니 손님과 무엇이 다르겠습니까?

형님이 잡수신 젖을 나까지 먹습니다.
아아, 우리 아우야 어마님 너 사랑이야.
형제 간에 화목하지 못하면 개나 돼지라 할 것입니다.

늙은이는 부모님 같고, 어른은 형님 같으니,
이와 같은데 공손하지 않으면 짐승과 어디가 다른 것인가.
나로서는 노인과 어른들을 맞이하게 되면 절하고야 말 것입니다.

문학이란 "몸을 수양하고 풍속을 교화하는 데 도움을 주기 위한 것"이라는 그의 주장에서 잘 드러나듯 그 창작활동은 주자학의 대중화가 중요한 목표 중 하나였다. 주자학적 윤리와 이념을 일반인에게 쉽게 전달하고 습득하도록 돕는 것, 그것은 이언적과 같이 주자학을 이론적으로 체계화하는 작업과 함께 조선성리학이 주자학에 대한 이해의 단계를 지나 새로운 재해석과 응용의 단계에 접어들었음을 의미한다.

셋째로 다른 무엇보다 그는 서원건립운동을 펼쳐 조선 최초의 서원인 백운동서원을 건립하였다는 점이다. 몸을 수양하고 풍속을 교화하는 데 도움을 주기 위하여 그는 왕성한 창작활동을 펼쳤지만, 그의 서

<그림 99> 덕연서원德淵書院 전경

덕연서원은 1591년(선조 24) '동림서원'이란 이름으로 건립되었으나, 1660년(현종 1) 칠원현 남고에 '남고서원'으로 새롭게 세워졌다. 1676년(숙종 2) '덕연'이란 이름으로 사액되었다.

원건립운동 역시 사실상 동일한 목표를 지향하고 있었다. 그는 47세에 풍기군수로 부임한 후, 그 이듬해에 회헌사당을 건립하였고, 그 이듬해에 다시 백운동서원을 건립하였다. 현재 영주시 순흥면 내죽리인 이곳은 서원을 중심으로 왼쪽으로는 죽계가 돌아 흐르고 오른쪽으로는 흰 구름(白雲)이 쉬어 가는 소백산 봉우리들이 줄지어 뻗어있는 경치가 뛰어난 곳이다. 그가 서원이름을 백운동이라고 지은 것도 바로 이것에 연유한다.

그가 처음 서원 건립을 시작했을 때 반대하는 사람들이 많았지만, 주세붕은 현인에 대한 존중에서 바른 교육이 시작될 수 있음을 역설하며 학문과 교육의 필요성을 강조함으로써 마침내 서원을 건립할 수 있었다. 그 과정을 『죽계지竹溪志』의 서문에서 그는 이렇게 밝히고 있다.

> 내가 풍기에 부임하였을 때 큰 가뭄이 들었으며, 그 이듬해에는 큰 흉년이 들었다. 하지만 그 해 백운동에 회헌선생의 사당을 지었다. 그리고 다시 그 이듬해 군의 북쪽에 학사를 옮기고 회헌선생 사당 앞에 서원을 지었다. 여기에 대해 어떤 사람들은 '지나치다', '옳지 않다'고 말하였다. '학사를 옮기는 것은 나쁘지 않다 하더라도, 사당과 서당을 짓는 것은 옳지 않다. 문성공은 국학에 배향됨으로써 다른 주군에까지 영향을 미치고 있는데, 왜 다시 사당을 지을 필요가 있으며, 이미 향교가 있는데 다시 서원을 세워야 하는가? 백성이 굶주리고 있는 이 때에 그것은 백성들을 괴롭히는 일이 아닌가?

그는 기근을 구하는 일보다 사당을 세워 덕을 숭상하고, 학교를 세워 교육을 튼튼히 하는 것이 보다 근본적이고 먼저 해결해야 할 일이라고 주장하며 서원 건립을 추진하였다. 향교 등을 통한 공교육이 제대로 기능하지 못하는 상황에서, 사림의 정신을 세상에 실천하며 개혁을 추진하기 위해서는 성리학적 이념의 보급이 무엇보다 절실하게 요구되었던 것이며, 서원과 같은 교육기관의 설립은 그가 무엇보다 먼저 추진해야 할 과제였던 것이다. 수 많은 사림을 희생시킨 사화의 원인 중 하나가 사림이 실현하고자 하는 이념에 대한 대중의 몰이해에 있었다고 그는 생각했을 수도 있을 것이다.

전체적으로 이와 같은 삶의 태도에서 그려지는 그는 근면한 성리학

<그림 100> 무산서당武山書堂 전경

주세붕을 덕을 기리기 위해 1698년 그 후손들이 세워 영정과 유품을 모신 곳이다.

자이며 사림의 이념을 실현하기 위해 노력하는 실천가의 모습이다. 1,300여 편에 이르는 시가의 창작과 서원의 설립을 통해 그는 성리학적 이념의 보급과 대중화에 힘썼고, 그것은 이황에게 계승되어 안동지역의 역동서원을 중심으로 본격적인 서원건립 운동이 전개된 토대가 되기도 하였다.

참고문헌

전재강, 「백운동서원의 창건과 주세붕의 교학정신」, 『동방한문학』, 동방한문학회, 1998.

정순목, 「주세붕 · 안현의 서원진흥책 : 소수서원을 중심으로」, 『민족문화연구총서』, 영남대학교 민족문화연구소, 1979.

부 록　역사적 사건과 관련 인물의 생몰 연대

연도(서기)	역사적 사건	관련 인물의 생몰 연대
1170	무신정변	
1196	최충헌의 집권	
1127	북송멸망	
1231	몽고의 제1차 침입	
1232	강화천도	
1243		안향 탄생
1258	무신정권붕괴	
1259	몽고와의 강화	
1263		우탁 탄생
1270	개경환도, 삼별초 대몽항쟁	
1271	원 제국 성립	
1274	여, 원 제1차 일본원정	
1306		안향 사망
1328		이색 탄생
1337		정몽주 · 정도전 탄생
1342		우탁 사망
1347		하륜 탄생
1349		이숭인 탄생
1351	공민왕 즉위	
1353		이색 탄생
1359	홍건적의 침입	
1365	신돈 집권	

연도(서기)	역사적 사건	관련 인물의 생몰 연대
1368	원 멸망, 명 건국	
1369		변계량 탄생
1373		윤상 탄생
1375	공민왕 시해, 우왕 즉위	
1387		하위지 탄생
1388	위화도회군, 우왕 폐위, 창왕 즉위	
1389	공양왕 즉위	김숙자 탄생
1390	과전법 시행	
1391	삼군도총제부설치	
1392	고려 멸망, 조선 건국	정몽주·이숭인 사망, 이맹전 탄생
1394	한양 천도	
1396		이색 사망
1398	제1차 왕자의 난, 정종 즉위	정도전 사망
1399	개경으로 환도	
1400	제2차 왕자의 난, 태종 즉위	
1402	조사의의 반란	
1405	다시 한양으로 천도	
1416		하륜 사망
1418	세종 즉위	
1419		길재 사망
1430		변계량 사망
1431		김종직·표연말 탄생
1438		홍귀달 탄생
1443	훈민정음반포	
1448	원손(단종)을 세손으로 정함	
1450	문종 즉위	정여창 탄생

연도(서기)	역사적 사건	관련 인물의 생몰 연대
1452	문종사망, 단종 즉위	
1453	계유정난 발생	
1454		김굉필 · 조위 탄생
1455	세조 즉위	윤상 사망
1456	단종복위운동 발생	김숙자 · 하위지 사망
1457	단종 노산군으로 강등, 영월 유배후 사망	
1463		손중돈 탄생
1464		김일손 탄생
1466	직전법 시행	
1467	이시애의 난 발생	정붕 · 이현보 탄생
1458	세조 사망, 예종 즉위, 정희왕후 수렴청정	
1459	예종 사망, 성종 즉위	
1470	관수관급제실시	
1471		박영 탄생
1478		권벌 탄생
1480		이맹전 사망
1481	언문삼강행실도, 두시언해 발간	
1482	폐비윤씨에게 사약을 내림	
1483	왕자(연산군)를 세자로 책봉 정희왕후 사망	
1491		이언적 탄생
1492		김종직 · 남효온 사망
1494	성종 사망, 연산군 즉위	
1495		주세붕 탄생
1497	폐비윤씨를 왕비로 추증	

연도(서기)	역사적 사건	관련 인물의 생몰 연대
1498	무오사화 발생	표연말 · 김일손 사망
1501		이황 탄생
1503		조위 사망
1504	갑자사화 발생	정여창 · 김굉필 · 홍귀달 사망
1506	중종반정, 진성대군을 왕으로 옹립	
1510	3포 왜란	
1512		정붕 사망
1517		
1519	기묘사화 발생, 현량과 실시	
1529		손중돈 사망
1540		박영 사망
1543	백운동서원건립	
1545	인종 즉위 후 사망, 명종 즉위, 을사사화 발생, 문정왕후 수렴청정	
1547	정미사화(양제역벽서사건) 발생	
1548		권벌 사망
1550	소수서원 사액	
1553		이언적 사망
1554	비변사 설치	주세붕 사망
1555	을묘왜변 발생	이현보 사망

▮지은이 김 기 주金基柱

계명대학교 철학과를 졸업하고 臺灣 東海大學 哲學硏究所에서 박사학위를 취득하였다. 학술진흥재단의 박사후(Post-Doc) 과정과 동양대학교 초빙교수를 거쳐, 현재 계명대학교 인문과학연구소 연구교수로 있다.

역서로 『孔子世家·仲尼弟子列傳』, 『孔子聖蹟圖』가 있으며, 논문에는 「理想的道德與道德的理想 : 孟子道德哲學之再構成」(博士學位論文), 「四端七情論으로 본 畿湖學派의 3期 發展」, 「李震相 心卽理說의 心學的 좌표 : 王守仁에 대한 비판을 중심으로」 등 20여 편이 있다.

영남의 학맥 1　　계명영남학총서 1

안향에서 주세붕까지

인쇄 | 2006년 6월 20일
발행 | 2006년 6월 25일
저　자 | 김기주
펴낸이 | 이진우
펴낸곳 | 계명대학교출판부
704-701 대구시 달서구 신당동 1000번지
전화 053-580-6233　팩스 053-583-5213
등록 | 1970. 9. 1. (신고번호 제347-1998-1호)

ISBN 89-7585-361-6 93150

값 14,000원